BOOKS LIFE
斑马書房

我　思　故　我　在

熵增定律：万物皆从有序到无序

罗森塔尔：期望产生奇迹

路径依赖：以前怎样，以后还怎样

马蝇效应：给自己找一个竞争对手

熵增定律

看透世界运行的规律

何圣君　王怡　著

ENTROPY
INCREASING LAW

中国画报出版社·北京

图书在版编目（CIP）数据

熵增定律 / 何圣君，王怡著. -- 北京 : 中国画报出版社，2025. 2. -- ISBN 978-7-5146-2476-2

Ⅰ. C912.6-0

中国国家版本馆CIP数据核字第202449XL25号

熵增定律

何圣君　王怡　著

出 版 人：方允仲
责任编辑：王韵如
责任印制：焦　洋

出版发行：中国画报出版社
地　　址：中国北京市海淀区车公庄西路33号
邮　　编：100048
发 行 部：010-88417418　010-68414683（传真）
总编室兼传真：010-88417359　版权部：010-88417359

开　　本：32开（880mm×1230mm）
印　　张：9
字　　数：165千字
版　　次：2025年2月第1版　2025年2月第1次印刷
印　　刷：天津鑫旭阳印刷有限公司
书　　号：ISBN 978-7-5146-2476-2
定　　价：49.80元

前言

让我们来想象一个画面。当你把刚烧开的水倒入一个玻璃杯中，杯子的顶部会出现一圈白雾，这圈白雾多久会散去？这杯热水多久会变成凉水？ 5 分钟，15 分钟，还是 25 分钟？

你可能会说，这取决于周围环境的温度。那如果你在某一天晚上听了一场激动人心的演讲，你决定第二天早起读书或者开始锻炼身体，改变某种习惯，多久你会放弃这个念头？ 7 天，3 天，还是 1 天？是的，你可能已经猜到我想说什么了：周围的环境依然是重要的影响因素之一。

但人和水不同。除了环境，还有另一个重要因素会对人产生影响，这个重要因素是什么呢？答案是：对熵增定律的理解。

熵，代表一种无序程度，熵增表示熵不断地增加，而熵增定律则是一个物理学定律，它意味着一切都在从秩序走向混乱。熵增定律被认为是很负面的定律，因为熵增定律指出，在孤立系统中，如果没有外力做功，那么整个系统就会退化为死气沉沉、毫无生气的一团物质。哪怕是太阳、星系甚至整个宇宙都不例外。

比如一个房间杂乱无章，此时，房间里充满了熵。如果要收拾房间，使它变得井然有序，那就需要耗费能量做功；你的能量可能来自你吃了富含蛋白质的肉，肉的蛋白质能量来自动物进食的谷物饲料，谷物饲料的能量来自太阳；太阳的能量则来自其自身的核反应。因此，要做到熵减，把无序变成有序就需要消耗能量；只有不断地有系统外的“外力做功”，不断地降维输入能量，结局才会大为不同！这就是对于“熵增定律”的一种认知。

除了物理世界，相信你一定听说过亚马逊，你甚至还知道亚马逊的创始人贝佐斯，他说：“我们要反抗熵（We want to fight entropy）。”因此亚马逊经过长期“做功”，实现了现在的指数级增长。还有华为的任正非，他更是把“反熵增”践行到了他的组织建设中，任正非说：“我们要不断激活我们的队伍，防止‘熵死’。”清华大学科学史系教授吴国盛甚至说：“如果物理学只留一条定律，我会留熵增定律。”可见，理解“熵增定律”对一个组织来讲是多么重要。

但看到这里，你可能会有一个疑问，熵增定律是科学规律，并且可能对企业很重要，但熵增定律跟我个人有什么关系呢？是的，这也是我接下来重点要说的：个人如果能理解熵增定律，如果能合理使用一些与熵增定律相关的定律和法则，就有机会从原有的人生系统里跳出来，获取系统之外的能量。克服熵增做功，实现个人成长的飞跃。我把这个过程称为“有策略地变成更好的自己”。

我就是一个通过践行“反熵增”实现了转型和升维跃迁的典型案例。2013 年，我刚过 30 岁。当时在一家传统制造型企业上班，在这个环境中，虽然我年纪不算大，但感觉自己变得越来越保守，在大学同学聚会时甚至有人说我老气横秋。拿着中不溜儿的收入，又总是充满焦虑，因为我十分担心这辈子也就这样了。你看，这不就是在一个封闭环境里，自己和系统共同退化为“死气沉沉”的一团物质吗？

但如果只是想着在原有系统里去寻求突破，往往是徒劳无功的，经过屡次尝试之后，我才意识到，更有效的办法是从系统外获取能量。这种领悟让我醍醐灌顶，我开始疯狂地通过阅读这种性价比最高的方式来“从外部世界摄入新能量”，不断提升自己。

一开始的变化虽然很缓慢，但在融会贯通了 500 多本给我带来新体验、新认知、新经验的书籍，在通勤路上收听了 200 多张知识付费专辑后，我自身的改变就这样出现了“涌现”。我有哪些改变呢？我一会儿再和你讲，我们先来说说什么是“涌现”？涌现，是事物的时间量变，是在某一时间内的大量出现。比如：

一个普通的妈妈，生了一个普通的女儿。

妈妈每天都在做一件事情，给女儿拍照片。

普通父母都会这么做，对吧？

但有一件事情不太普通：

这个妈妈将女儿出生作为起点，每天都给她拍照。

一直拍到女儿18岁，一天都没中断过。

接着她办了一个摄影展，摄影展的主题就是女儿。

从第1天到第6000多天，一共6000多张照片。

你能想象这么一路走下来，观众从小婴儿的照片看到18岁大姑娘照片时的震撼吗？这件事情引起了不小的轰动。知道了这件事的人都赶到摄影展所在的小镇，想要一睹为快。这就叫“涌现”。将无数个普通的动作叠加，最终变成了不普通。

现在，我来和你说说我身上发生的变化。2014年年初，我利用“成长型思维”（详见本书第二章）模型突破了自己给自己设置的限制；运用损失厌恶原理（详见本书第三章）逐步养成了早起的习惯；在自己数学底子薄的情况下，通过学习逻辑学和议论文写作不断进入心流（详见本书第六章），考取了211院校MBA；2015年年末，我开始试图摆脱只有工资型主动收入的路径，依靠写作获得了财务上的新体验和新反馈（详见本书第五章）；在此之后逐步累积复利效应（详见本书第十二章），与原本完全陌生的各图文平台连接，写下了将近 200 万字，获得了超过 1000 万次的阅读量，与数万人进行了互动。

现在，你看到的这一系列在我身上发生的改变都是“果”；追根溯源，首次开始从系统外获取能量，并持续地运用法则以及与熵增定律相关的心理学效应去践行反熵增则是“因”。所以，跳出来，从此时此刻打破自己的封闭系统，开始寻找系统外的能量，用升一个维度的视角来看当下的自己，去对接外力来做功，用法则和定律持续地去践行“负熵”，直到出现“涌现”，无疑才是更佳的选择。

然而，以上说的这些可能还是过于抽象了。仅仅知道熵增定律是怎么回事儿和要从系统外去对接能量来持续地做功仍旧只是一个方向，仍然是远远不够的。这就好比你知道吃东西可以果腹，但还不知道怎样获取食物一样。

这本书将不仅仅帮助你深刻地理解熵增定律、“负熵”，知道“涌现”，而且还会告诉你如何利用人性和一些法则来有效地、持续地克服熵增做功，帮助你解决“明明知道很多道理，却依旧无法有效地、持续地做到改变”的问题。这本书里没有那些众人皆知的大道理，而是逐步让你深度理解这个定律对整个人类世界产生的影响，让你从顶层设计的角度，看清楚那些伟大的企业如何逆向做功。

这本书会让你知道如何建立耗散结构，怎样深度运用“成长型思维、损失厌恶原理、从众效应、路径依赖效应、心流、罗森塔尔效应、马蝇效应、德西效应、霍桑效应、帕累托定律以及复利效应”等科学法则，使你有策略地、持续地变得更好。

最后我想和你分享一句话：

改变的本质，其实是创造新经验，用新经验代替旧经验。创造新经验需要通过新的方法，获得新的反馈、新的强化，并切身体验它。

千里之行，始于足下。如果你已经准备开始这次认知的升级和行为的改变，那就让我们一起开始理解“熵增定律”，一起走向改变，走向持续“负熵”的奇妙旅程吧。

目　录 CONTENTS

Part 08 第八章 熵减法则：马蝇效应

Part 09 第九章 熵减法则：德西效应

Part 第一章 01

一切问题的底层规律：熵增定律

在这个世界上，越来越多的名人开始谈论“熵”。亚马逊创始人贝佐斯说：“我们要反抗熵（We want to fight entropy）。”管理大师彼得·德鲁克说：“管理要做的只有一件事情，就是如何对抗熵增。在这个过程中，企业的生命力才会增加，而不是默默走向死亡。”清华大学科学史系教授吴国盛甚至说：“如果物理学只留一条定律，我会留熵增定律。”为什么这些我们熟悉的名人都在讨论“熵”，要反抗熵、对抗熵、防止熵死？

第一节　来自物理学家的发现

万物演化的终极规律

为什么滚烫的开水一倒入玻璃杯中，白色的雾气在杯口会稍纵即逝？不到15分钟，开水会变成温水，然后水温逐渐与室温趋同？

为什么一部手机、一台电脑，随着使用时长的累积，存储设备里的碎片信息会越来越多，系统越来越卡，散热越来越差？

为什么很多人总是感到睡懒觉容易，早起很难；吃美食长胖容易，减肥很难；玩游戏、刷短视频容易，自律很难？

为什么创业之初人人都充满激情，但从成熟期开始，制度流程开始变得僵化，科层制度开始变得官僚，反应速度也变得越来越慢？

能够解释以上问题的，正是熵增定律。它诠释了宇宙最终极的、亘古不变的底层规律。理解这个底层规律，人们就有机会找到破解之道来对抗熵增。

在学习如何对抗熵增之前，首先需要理解熵到底是什么。我们学过物理，知道宇宙中的任何物体都处于运动状态。运动产生了能量，而能量又可以以动能、势能、化学能等多种形式存在，并且还可以互相转换。不同形式的能量在传递和转换的过程中遵循着守恒的定律，这就是能量守恒定律，又被称为热力学第一定律。

但除了能量之外，物体内部的分子也会不断振动，振动频率的大小需要有一个指标来衡量，这个指标就是“熵”。熵，英语是entropy，希腊语为εντροπία。在希腊语中，εντροπία的意思是“内在”。“熵”来自热力学第二定律，“熵”的本质是一个系统“内在的混乱程度”。

比如你打开煤气，加热一壶水，水烧开了，但煤气从化学能转化为热能的过程中，并非100%都进行了转化，一部分热能传递给了周围的空气，并消散在宇宙之中。而这部分的能量不可逆，永远无法再次被利用，并且永远在增加。

熵增表示一个系统从相对有序的状态向相对无序的状态的演变。而“负熵”与熵增的概念相反，是系统从无序向有序演变的趋势。比如绿色植物在太阳光的照耀下，将太阳能转化成生物质能；种子发芽生长，开出花朵；蔬菜成长、成熟，结出果实等都是负熵。

那什么是“熵增定律”呢?“熵增定律”是对热力学第二定律的一种表述方式。简单地说，熵增定律是指一个孤立系统，即非活的系统如果被独立开来，又或者把它放置到一个均匀的环境中去，环境中的所有运动都会因为摩擦力的存在而在极为有限的时间里停下来。水从高处流到低处，电流从高势能流向低势能，各种势能都会消失；高温也会变为低温并达到平衡。最终，整个系统会退化为死气沉沉、毫无生气的一团物质。这种状态将永久不会改变，人们再也无法观察到系统中的任何变化，因为它已经归于死寂。

熵增定律在许多人看来是十分消极、令人无奈的定律，虽然没人能逃过熵增定律，但高手懂得如何对抗它。熵增定律有效需要同时满足两个条件，缺一不可：一个是没有外力做功，另一个是孤立系统。因此，如果有外力做功和系统开放，就能对抗熵增，实现负熵。

克劳修斯的发现

1824年，法国工程师卡诺提出了热力学中的卡诺定理（Carnot's theorem），卡诺定理指出各种利用内能做功的机械（热机），比如内燃机、蒸汽机等最大热效率只和它们的高温热源与低温热源的温度有关。之后，鲁道夫·克劳修斯（Rudolf Clausius）在此基础上对热功转换的问题进行了更深入的研究，克劳修斯敏锐地发现了卡诺定理内部存在不和谐，他承认了卡诺定理中有关“热产生功必然伴随热向冷传递”的结论，但否认了“热的量不发生变化”的断言。

1850年，克劳修斯在正式发表的论文《论热的动力以及由此推出关于热本身的定律》中提出：除了能量守恒定律之外，另外需要补充一条定律，即：没有某动力的消耗或其他变化，不可能使热从低温转移到高温。该定律被后世称为热力学第二定律。

1851年，开尔文（Kelvins）提出了热力学第二定律的另一种表述方式：不可能制成一种循环动作的热机，从单一热源取热，使之完全变为功而不引起其他变化。

1854年，克劳修斯又发表了论文《力学的热理论的第二定律的另一种形式》，不仅用数学公式表述了可逆过程中的热力学第二定律，而且还首次引入了“熵”的参量。

1865年，克劳修斯发表论文《力学的热理论的主要方程之便于应用的形式》，正式把这一参量命名为“熵”，并且证明了在任何孤立系统中，系统熵的总和永不减少。自此，熵增定律正式被发现。

同时，关于熵增定律还有一个推论叫作“热寂说”，该项推论假设宇宙是一个孤立系统，因此宇宙中的熵会趋于极大，并最终达到热平衡状态。也就是说，宇宙中每个地方的温度都相等。由于这项推论涉及宇宙未来和人类命运的重大问题，所以引起了哲学界和科学界持续100多年的争论。那么，“热寂说”到底是否正确？宇宙最终是否会归于熵死呢？

爱因斯坦的相对论发表后，人们开始意识到，任何物理定律都有它的适用范围，比如牛顿定律只在宏观、低速、弱引力场适用。因此熵增定律也有它的适用范围，只是可能由于时代的限制、认知的局限，暂时还没有发现而已。

同时，正如前面说的，熵增定律的成立是有前提条件的，孤立系统和没有外力做功二者缺一不可。到了20世纪70年代，宇宙大爆炸理论逐渐获得了哈勃红移、氦元素丰度和3K微波背景辐射这三个强有力的直接证据支撑。因此，宇宙是否是个孤立系统就受到了前所未有的质疑。

另外，宇宙大爆炸理论认为，宇宙膨胀的根本原因是引力作用，而有引力作用下的热力学和无引力作用下的热力学得出的结论完全不同。换句话说，在引力起决定作用的体系中，本质上不存在热力学意义上的热平衡状态，宇宙是不稳定的状态。

当然，这是19世纪的克劳修斯不可能想象到的外在条件。因此，困扰着人类的百年梦魇终于被打破，科学界爆发出了一阵欢呼："热寂说"这沉重的一页，终于被翻过去了！

熵增定律为物理学奠定了基石，同时还给企业和个人带来启示，为无数人提升认知指出了努力的方向。提出这条重要定律的克劳修斯到底是个什么样的人呢？

1822年1月2日，克劳修斯出生在普鲁士的克斯林（今波兰科沙林）的一个贫寒之家，父亲创办了一所不太挣钱的私人学校，这给克劳修斯的小学教育带来了方便。克劳修斯的中学阶段在斯特汀中学度过。1840年，克劳修斯考入柏林大学，虽然他对历史学产生过浓厚的兴趣，但最终还是选择了物理与数学。1847年，他在成立于15世纪的国立哈雷大学继续深造，并获得了主修数学和物理的哲学博士学位。

1850年，刚步入社会的克劳修斯发表了关于熵增定律的论文，柏林皇家炮兵工程学院立刻向他伸出了橄榄枝。1855年，克劳修斯就任苏黎世工业大学教授，讲授物理学。1865年，43岁的克劳修斯当选为法国科学院院士。一年后，出任德意志帝国维尔茨堡大学教授。1868年当选为英国皇家学会会长，次年任波恩大学教授。

1870年，普法战争爆发，48岁的克劳修斯带领一个学生救护小队参战，膝盖不幸受了重伤，虽然因此被授予德意志民族铁十字勋章这一莫大的荣耀，但留下了长久的伤痛。这使克劳修斯减少了物理学的教学；5年后，克劳修斯痛失爱妻，留下的6个孩子需要他独自抚养。

1888年8月24日，为人类物理学做出杰出贡献的克劳修斯去世，享年66岁。克劳修斯在1865年使用过两句名言——“宇宙的能量是恒定的”；“宇宙的熵趋向一个最大值”，在自然科学界、哲学界被永远铭记。人们为了纪念他，还将月球上的一座环形山命名为克劳修斯环形山。

对抗熵增的两条路径

华为、亚马逊、谷歌等大企业都是通过持续做功、保持开放系统，成功对抗熵增的典范。那么个人在面对熵增定律时，又应该如何行动才能避免陷入熵死的状态呢？答案是：建立耗散结构和避免路径依赖。

什么是耗散结构？耗散结构是由化学家普利高津提出的一个理论，是一个远离平衡态的开放系统。换言之，如果一个人处于持续不平衡或者不均匀的状态中，他就不会陷入熵死的状态。耗散结构是一种模型，它的本质依旧是外力持续做功。

任正非曾打过一个比方，一个人如果每天都跑步锻炼身体，这就是一种典型的耗散结构。因为身体的能量通过跑步耗散，吃下去的蛋白质就能转化为肌肉，血液循环会更快；能量消耗了，诸如糖尿病、肥胖症等会逐渐消失，这个人的身材也会变得更苗条。这就是一个最简单的耗散结构。

同样地，一个人如果不停地突破自己的舒适区、学习新知识和技能、输出和使用他所学到的知识和技能，也是一种耗散结构。因为在输出和使用知识或技能的时候，这些学识、认知、技能会逐步内化为个人的行为和习惯，帮助他跃升到更高的认知层级，拥有更美好的人生。

除了建立耗散结构，个人还应当避免路径依赖。路径依赖类似于物理学中的惯性，是指一旦进入某个路径，就可能对这个路径产生依赖。这是一个不断自我强化的过程，让人难以轻易走出来。使“路径依赖”理论声名远扬的学者是道格拉斯·诺斯，他因此获得了1993年的诺贝尔经济学奖。

和“耗散结构”相似，路径依赖也是一种模型。路径依赖的本质是封闭，在原有的系统里不停地循环。而避免路径依赖则要求个人找到原有系统以外的路径。在找寻新路径的过程中，必然需要突破原有的系统，到一个更大、更开放的系统中去探路。

比如20世纪80年代，在中国，出租车司机是一个很赚钱的职业，普通工人月收入只有几十元，而出租车司机每月可以挣到1000元以上。但30多年过去了，会开车的人越来越多，当年20

多岁的司机如果陷入路径依赖中，还在以开出租车谋生，他的生活可能就会每况愈下；而有的年轻司机在二十世纪八九十年代赚了第一桶金，然后用这第一桶金在其他赛道上寻找新的路径（比如在20世纪90年代末买房，之后在淘宝创业，再后来做价值投资），那么他可能就会和还在做出租车司机的人拥有截然不同的人生。

真实世界是非连续性的，这个世界唯一不变的就是一切随时都在改变。因此，一个人如果能避免路径依赖，就可以克服熵增，实现负熵，一次又一次地进入新的开放系统，闯出下一条路径。

最好的状态：精神负熵

我们已经知道，负熵是一种好的状态，是系统从无序变为有序的过程。那什么是精神负熵呢？在介绍精神负熵之前，先来说说精神熵。

匈牙利心理学家米哈里・契克森米哈赖把因资讯对意识的目标构成威胁而造成的失序状态定义为“精神熵”（psychic entropy）。精神熵会导致自我解体，令人做事的效率大打折扣，如果这种情况持续很久，会对自我造成十分严重的损害，让人无法集中注意力实现任何目标。

不过，资讯是否会使人产生精神熵和自我对这些素材如何理解有关。米哈里举了一个股票下跌的例子，认为这个消息会让银行家很担忧，但对异议分子来说却可能是个振奋人心的好消息。虽然一条新资讯有可能会让人不得不付出心力去应付，造成意识上的失序，但同时也有可能会强化人们的目标，激发出个人更多的精神能量。

与此同时，米哈里还提出了一个精神熵的反面概念，即精神负熵。它是一种对正在进行的活动和所在情景的完全投入和集中，是人们过于沉浸在一项活动中而完全忽略了身边一切事物的状态。精神负熵是内在动机的最佳形式，在这种状态下，人们会完全沉浸在他所做的事情当中。

我国社会学家、北京大学社会学系教授郑也夫曾经将精神负熵总结为：一个人注意力全情投入，有一个愿意为之付出的目标；有即时回馈；因为全身心关注目标，忘记、屏蔽了其他日常琐事，进入了忘我的境界。

专注是产生精神负熵的关键因素。虽然人们凭直觉认为，专注、全神贯注可能需要大量消耗精力，但米哈里通过实验证明，在精神负熵状态下反而能减轻脑力负担。

另外，想要获得精神负熵，个人专注的这件事情还必须有一定的挑战性，而且这挑战难度既不能太大，否则会让人焦虑，也不能太弱，否则又可能让人感到无聊。只有在你专注的事情的难度恰到好处时，精神负熵才会出现。比如一位游泳健将挑战横渡英吉利海峡、下象棋时棋逢对手、弹一首新练的钢琴曲，这些都可能让人获得精神负熵。有人把这种体验描述成“好像漂浮起来”，或者是“一股洪流带着我”，这种体验让人的意识感到井然有序。因此，精神负熵还有一个名称——心流。

第二节 万物以“负熵”为生

华为的活力之源

现在，华为的创始人任正非已经家喻户晓，他是一位每一步都靠自己打拼，真正践行“对抗熵增”的攀登者。

1944年，任正非出生在贵州省镇宁县的一个贫困的村落。19岁时，家中遭遇不幸，而意志坚强的父亲特别嘱咐他要坚持学习。回到重庆后，他不仅自学了电子计算机、自动控制、数字技术，甚至还自学了3门外语。

1987年，任正非从部队退役4年后，代表公司与合作伙伴交易时被骗了200万元，不惑之年的任正非被单位开除了，妻子也离开了他。事业和婚姻双双跌入谷底。可也就是在这一年，任正非凭借以往的工作经验，协同几位志同道合的中年人，共同拼凑出2.1万元创立了华为。创业初期，依靠代理香港某公司的程控交换机获得了第一桶金。

1992年，创业5年的任正非孤注一掷地决定投入 C&C08交换机的研发。次年，此项目研发成功，并且实现了在价格上比国外同款机型便宜30%，华为一举占领了市场。

1999年，经过10多年的发展，华为员工已超过15000人，销售额高达120亿元，成为中国第一名企。5年后，华为成为全球第二大电信设备供应商，在全球排行第285位。

2016年，任正非以105亿元身价，在胡润IT富豪榜位列第35名。

2020年，华为在5G领域发展迅猛，并与中国移动联合在珠峰峰顶实现5G信号覆盖。

1987年以来的30多年间，在任正非带领下的华为一路披荆斩棘，获得了世俗意义上的名利双收。华为的成功最不容易被人理解的地方在于任正非把物理学和对"熵"的理解注入了企业的经营和发展战略中，从而使华为的企业文化、发展思路别具一格。

任正非认为，自然科学与社会科学有着相同的规律。对于企业而言，企业发展的自然法则也是熵由低到高，逐步走向混乱并失去动力的过程。因此，企业想要生存和发展，就一定要逆向做功，将能量从低到高抽上来，增加势能。

比如1992年华为为什么要全力投入C&C08交换机的研发？因为一旦研发成功就会有君临天下的价格优势。价格优势就是势能，通过"研发做功"累积势能，再将势能转化为动能横扫市场。这个过程就相当于将一块巨石推到万仞之巅，然后轻轻一推，就能在拥有高势能的地方，让这块巨石轰然而下，用强劲的动能在竞争中获得绝对优势，一举占领市场。

同时，任正非从人性出发，在企业中推行“以客户为中心，以奋斗者为本，长期坚持艰苦奋斗”的理念；在配套政策上，任正非给予去六类地区，比如到印度出差的员工，每天100~120美元的出差补助，每餐15~25美元的津贴，住当地最高档的富豪居住区。这在最大程度上激发了员工的深层次动机，让人人都渴望去“支援困难地区”，人人都期望到五、六类地区出差，赚取高额出差收入。

对人性的好逸恶劳，任正非用学习“做功”；面对企业的产能落后，成本过高，华为用研发“做功”；应对落后地区条件艰苦，没人愿意前往，华为用出差政策“做功”。华为在任正非的带领下一路走来，打破了熵增定律的第一个条件：无外力做功。华为的有效做功，让企业对抗熵增变为现实。

持续做功的亚马逊

无独有偶，亚马逊的创始人杰夫·贝佐斯也是一个信奉“对抗熵增做功”的长期实践者。

亚马逊有一个著名的商业理念——飞轮效应。它是指公司里的各个业务模块会形成互相做功的有机推动，如同咬合的齿轮，虽然将这些齿轮组从静止到转动起来需要花很大的力气，但每一圈的做功都不会白费，而且一旦有某个齿轮开始转动，整个齿轮组就会共同转动。

第一个飞轮被称为“史上最划算的一笔交易”——Prime会员。这项服务的收费标准是每年99美元或者每月12.99美元。Prime会员为加入会员的用户提供了什么优惠呢？用户不仅可以享受近亿种商品的免运费、隔天送货、免费观看和收听在线流媒体视频、音频，还可以在游戏平台打折购买内容产品。更重要的是，不少品牌好物会出现在Prime会员闪购页面。这些只对会员开放的好物优惠力度足够大，因为Prime会员庞大的用户基数给亚马逊足够的底气去和供应商议价。2018年4月的一份公开资料显示，亚马逊的Prime会员已经超过了1亿人。这意味着单就一笔会员收入来说，每年就能为亚马逊带来99亿美元以上的进账。

在第一个飞轮上持续做功，亚马逊将为用户带来更多、更物美价廉的商品，更物美价廉的商品带来更好的用户体验，更好的用户体验带来更多的用户流量，更多的流量增加了亚马逊更强的议价能力，更强的议价能力助推亚马逊得到全球更多、更物美价廉的商品。这是亚马逊创始人贝佐斯克服熵增的第一套打法。

第二个飞轮叫作Marketplace，这是一个让第三方商家在亚马逊出售自己的商品或服务产品的平台。亚马逊在Marketplace平台上做的功将进一步扩大用户在亚马逊平台上选择商品或服务产品的余地，增加了商品的丰富性，尤其让Prime用户可以在亚马逊上享受一站式物美价廉的服务。这让人们在一想要购物的时候，第一个想到的就是亚马逊。

同时，为了让第三方商家在亚马逊上降低成本，Marketplace配备了一个叫作FBA（Fulfillment By Amazon）的物流服务，这个服务允许第三方商家先将商品寄存在亚马逊物流中心，每当用户下单时，亚马逊将发挥物流优势为其配送。

在第二个飞轮上持续做功，带来的是更多的用户流量和更低的商家成本，更多的用户流量、更低的商家成本驱使第三方供应商纷至沓来，更多的第三方供应商又增加了亚马逊的议价能力，更强的议价能力让亚马逊变成一个商品或服务产品的价值洼地，商品或服务产品的价值洼地吸引更多的用户流量。这是亚马逊创始人贝佐斯克服熵增的第二套打法。

第三个飞轮是亚马逊云服务AWS（Amazon Web Services），它最初只是亚马逊内部的一项后台技术。2000年，AWS开始向第三方合作商开放，这给没有技术能力的中小型合作方带来了便捷，于是规模快速扩大；更大的规模带来规模效应，迅速地降低了AWS系统的单位成本；更低的单位成本让亚马逊在第三个飞轮上设置了更多的物联网IoT（Internet of Things）开发者工具；更多的IoT开发者工具又吸引了更多第三方设备加入AWS。

在第三个飞轮上持续做功，亚马逊通过清晰的路径利用了越来越多的社会资源。截至2019年财报，AWS业务已经从2014年的46亿美元的营利增长到2019年的350.26亿美元的营利，5年增长7.6倍多。

亚马逊的这三个飞轮尽管开始时运转很慢，需要投入大量能量做功，起初未必能见到可观的效果，甚至还受到行业内的质疑。但通过持续的外力做功，从结果来看，让亚马逊成功对抗了熵增，使创始人贝佐斯于2018年3月6日问鼎世界首富。他的飞轮效应模式也对世界商业产生了重大影响，国内的诸多企业开始争相效仿，以期推动自身飞轮，实现持续增长。

信奉开放系统的谷歌

很多人都羡慕谷歌食堂的寿司、牛排等美食，但大多数人不一定知道谷歌不断获得创新成功的秘密——20%时间制。

什么是20%时间制？这是谷歌官方颁布的一种工作制度，即员工可以拿出一周20%的时间去研究自己喜欢的项目，比如谷歌地图（Google Maps）、谷歌新闻（Google News）、谷歌语音服务（Google Now）等都是20%时间制的产物。

很多企业高管担心，如果颁布20%时间制，员工会不会一到每周五就把工作空间变成夏令营营地而恣意妄为。事实上，绝大多数谷歌工程师都会把这份时间放在晚上，甚至周末。从效果上来看，20%时间制并不意味着时间长短，而在于自由。公司并非把员工的时间牢牢掌控，而是放权给员工，让他们把精力和时间投入真正有激情的项目。

在这种开放性政策的影响下，只要不妨碍正常工作，就没有人来阻止你。当然，要想让一个好的创意从种子、开花到结果，一个人的努力大概率是比不上一支团队共同推进的。但如何吸引别人把时间和精力投入一开始只有你感兴趣的项目里，显然有着不小的难度。

所以在这个过程中，20%时间制政策就衍化出了“演示方案日”，即个人或几个志同道合的伙伴先用一个礼拜的时间构建项目原型，然后在周末之前向大家做路演。

虽然很多项目原型在路演时被证明并不具备进一步探索的价值，但团队却在彼此交流中碰撞出了智慧的火花，不仅逻辑越辩越明，而且多个部门的同事之间从陌生到熟悉、从点头之交到彼此熟稔。所以谷歌内部后来得出一个结论：20%时间制其宝贵之处并不在于因此创造出了多少具备商业价值的产品，而在于员工们在此过程中磨炼和使用了工作之外的技能，并且建立起了原本独立作业同事间的有效联系。

对抗熵增的开放性20%时间制，让一个企业保持思想开放，让部门之间打破了壁垒，让人与人之间产生了链接，给未来的各种协作提供了可能性。

Part 第二章 02

熵减法则：成长型思维

我们从上一章知道了克服熵增定律有两个途径：一个是开放系统；另一个是有外力做功。本章我们将讨论成长型思维是什么，以及它如何帮助我们在个人的头脑中将系统开放，并让外力持续做功。

第一节　最容易成功的方法论

不断挑战才能成长

成长型思维的提出者德韦克是发展心理学领域、社会学领域以及人格心理学领域公认的杰出贡献者之一，现任斯坦福大学行为心理学教授，同时也是美国艺术与科学院院士。40年来，德韦克的研究和学术成果从儿童学业挫折入手，解决了成人在学习、管理、商业等领域所遇到的问题，无论是在学术圈还是普通大众中，都体现出了强大的影响力和独特的价值。

德韦克教授曾带领团队，针对成千上万的孩子做了一个震动学术界的实验，这个实验分为四个步骤。

步骤一：实验团队把孩子们分为两组，并准备了10个简单的拼图游戏，游戏结束后，实验人员将结果反馈给这些孩子，但反馈的话术会不一样。第一组得到的反馈是这样的：哇哦，拼对8个模块，你真聪明！而对第二组，则采用另一种话术：哇哦，你拼对了8个模块，在这个过程中，你一定努力做过尝试，难怪表现这么好！在一轮反馈结束后，德韦克教授把第一组称为“智商组”，把第二组称为“努力组”。

步骤二：实验团队这次又准备了10个低难度拼图游戏和10个略微有难度的拼图游戏，然后让两组孩子进行自由选择，结果发现“智商组”大多选择低难度拼图，而“努力组”则有超过90%的孩子选择略微有难度的拼图。步骤二的实验结果显示：“智商组”为了保持自己“聪明的形象”，变得不愿意冒险；而“努力组”为了保持“努力的形象”，接受了强度更大的挑战。

步骤三：实验团队大幅调高拼图难度，故意让两组都挑战失败，接着进行个别访谈。“智商组”孩子认为自己不够聪明；而“努力组”孩子则认为自己的努力还不够。但从表现来看，“智商组”开始变得手足无措，无法交付结果的状态让这些孩子陷入焦虑；而“努力组”却异常投入，他们集中精力设法解决问题，比步骤二的表现更努力。

步骤四：实验团队把挑战难度调整到了和步骤一相同的程度，神奇的事情发生了。“智商组”成绩大跌，退步了20%左右；而“努力组”成绩则提高了大约30%。

德韦克和她的团队通过实验发现：无论男女，只要被夸聪明，绝大多数都会陷入固定型思维，为了保持聪明的形象，他们变得保守，不愿意接受挑战，甚至不愿学习新知识；而被夸赞努力的孩子，有很大概率成为成长型思维者，他们积极努力，愿意接受挑战，乐于用努力去解决问题，争取好的结果。

同时，成长型思维者总是具有更强的复原能力，更高难度的挑战能让成长型思维者暗暗兴奋，因为学习和成长的机会又来了；而且正是因为挑战难度大，所以即使挑战失败了，也并不意味着自己是笨蛋，反而意味着自己有更广阔的成长空间，自己的潜能也更有可能被激发出来。因为这让他们看到了自己与挑战目标之间的差距，这种差距的张力便成了成长型思维者训练和努力的内动力，激励他们持续投入时间和精力对目标做刻意的训练，在一个开放系统里持续做功。因此，成长型思维者同时具备对抗熵增的两个条件，如果一个人能学会并内化为成长型思维者，他未来的发展空间必然不容小觑。

与成长型思维相反的是固定型思维。固定型思维的人会觉得，人的特质是天生的，后天无法改变。在中国也有“江山易改，本性难移”的说法。固定型思维者总是害怕被否定、担心被嘲笑，所以面对挑战他们会把自己封闭起来，拒绝挑战。正因如此，固定型思维者由于长期处于一个封闭系统，很少有外力做功，其发展空间也受到了一定程度的制约。

在面对选择时，他们往往偏向于挑选自己擅长的事情，在遇到困难时也总是会过早地放弃。尽管固定型思维的人也知道努力可能会有好的结果，但因为害怕失败，所以倾向于忽略这种可能性，当然这也就限制了他们的成长。

成长型思维的三大误区

在持续实践的过程中，德韦克发现人们在理解成长型思维时存在三个误区。

误区一：许多人喜欢把自身的某一种优势称为成长型思维。比如有的人在做数学题的时候思路特别敏捷，一会儿就能把题解开，于是就认为自己具有成长型思维。

每个人都有自己的优势，这是显而易见的事实。但个人在某方面的优势和他是否具备成长型思维其实是两回事，成长型思维可以帮助一个人在自身优势以外的方面用努力持续做功。比如在写作上通过多阅读、多动笔去不断提高自己的水平；在人际交往和沟通上通过多尝试和多反思去提升自己在人际沟通上的能力，而不是沉浸在自己现有的优势上。

误区二：在了解了成长型思维后，人们仅仅盯着努力。但正如我们经常听到的那句话，不要用战术上的勤奋去掩盖战略上的懒惰。成长型思维不仅是针对努力本身的一种思维方式，还针对包括努力以及后续的策略、反思、迭代，以及再次行动这整个过程。

正如爱因斯坦所说，疯狂就是一再重复相同的事情，却期望得到不同的结果。

真正的成长型思维者一定懂得听取、学习不同的策略，然后用不同的策略在一个难题上反复推敲，找到次优甚至最优解，用有效和高效的方式去解决各类问题。

比如，有些职场人不善言辞，觉得领导不喜欢自己，怎么办？那就可以尝试通过写一封邮件，总结自己每个月所做的事情、本月的反思以及下个月的计划并发给领导，尽量让自己的工作被领导看到。领导的时间都是稀缺的，而这种书面表达的方式可以让领导在略有空余的时间里看见你的努力，这种变化策略的思维，不正是一个职场人成长型思维的体现吗？

误区三：有了成长型思维，就有机会成就目标。假以时日，很多人又会发现这会变成一句口号，因为目标不是结果，达成目标还需要路径和资源；而如果仅仅盯着目标，不去设法找到路径和资源，成长型思维就只会变成一句空洞的口号。

成长型思维是一个体系，它可以让一个人看到自己的可能性。有了目标，还要选择通往目标的道路，厘清达成目标的步骤。比如一个单身青年如果希望找到伴侣，平时就要多参加有许多异性在场的社交活动。比如一个人喜欢知性、有一定学识的异性，平时就可以选择多参加读书会等知识类活动；而有了心仪的对象后，则可以设法邀请对方单独见面，以增加彼此的熟悉程度，从而确定对方是否能和自己处得来。

所以，成长型思维不是自己现有的优势，也不仅仅是努力，或者只是一个口号、目标，而是一个多元的发展，是有策略、有路径、有选择地向目标前进。

构建成长型思维模式

在克服熵增、努力做功、培养自身成长型思维的路上，有四类“监狱”会成为我们的阻碍：成功的监狱、过去的监狱、表现的监狱和恐惧的监狱。这四类“监狱”是无形的，存在于每个人的头脑中，有时会在不经意间出现。

成功的监狱。外部的环境在不断发生变化，如果心态上不能适应改变，总是把自己锚定在很高的位置上，行动就会发生变形，会为了保持自己“成功的虚名”而采取人们不愿意看到的行动。越成功，“成功的监狱”也就越坚实。

过去的监狱。随着年龄的增长，人们会开始回忆过去、怀念过去。但如果你也开始这么做了，就很有可能陷入了“过去的监狱”。老年人为什么喜欢怀念过去呢？因为他们中的大多数人潜意识里已经屈服于身体的衰老，开始对年轻时的记忆和情绪进行回忆。但记忆和情绪绝非很好的学习对象，它们会阻碍一个人学习和尝试新事物。只有在生活和工作中去体验新的事物、探索新的可能，一个成长型思维者才有可能发现一片全新的天空。

表现的监狱。在西方的七宗罪中，傲慢（Pride）是原罪之一。如果一个人陷入“表现的监狱”中，就只会热衷于做表面文章，让自己“显得厉害”，实际上与“真正的厉害”相去甚远。外在展示仅仅是一个结果，而结果背后的准备、格局、学识、认知以及技能的成长，才是最终表现是否优秀的真正所在。

恐惧的监狱。“恐惧的监狱”中充满对于过去某个至暗时刻、某个失败画面的恐惧。恐惧的监狱有时来自赞美，因为个人想要保持住外界的赞美，所以面对挑战，就会像我们前面说到的实验小组中的“智商组”的表现一样，踟蹰不前，缺乏信心。恐惧的监狱有时还来自完美主义。完美主义者总是在不断地做准备，却始终不曾开始。而当机会的窗口已经关闭时，就会陷于“恐惧的监狱”中，也将从此失去这难得的机会。恐惧的监狱的第三种来源是避免冲突。大多数人天生厌恶冲突，正因为想要避免冲突，个人就会陷于“恐惧的监狱”中而不敢有所行动。但事实上，担心冲突并不能消灭冲突，一个人如果想要习得成长型思维，就必须勇敢起来，即使恐惧，也依旧能够直面它。

以上四类“监狱”会高频出现在人们的心中，首先要认识到它们的存在，才能有针对性地找到监狱的钥匙，在成长中砥砺前行。为了成为一个具有成长型思维的人，用开放系统对抗熵增，持续做功，我们可以从以下五个方面来完善自己。

第一，志存高远。一个人如果不知道自己要去哪里，那么任何风都是逆风；而一个有远大目标的人就很清楚自己要做什么准备，要做什么计划，要有什么行动。邓亚萍，从运动员转型，因为她知道自己要去哪里，她有自己的目标；艾瑞克森，承受着许多病痛的折磨，但正因为他想要重新站起来，所以研发出了震惊世界的催眠技术。

第二，勇于行动。勇于行动的人和整天沉溺在完美主义幻想中的人不同。前者先行动再幻想，后者只做计划不行动。但反馈永远只会出现在行动之后，只有勇于行动的人才能获得反馈，只有获得反馈才能调整策略重新行动。

第三，坚韧不拔。表面上看起来是坚持，但坚持背后的底层动机则是对自己的信心。里夫对自己有信心，所以他花了五年时间坚持康复训练；卢瓦索厨师则对自己没有信心，最后选择了饮弹自尽。

第四，积极乐观。积极乐观的人努力行动，哪怕这个行动只是不断重复小时候摘苹果的动作，但正因如此，艾瑞克森的肌肉从微小的行动能力开始恢复，直到能一个人划着独木舟畅游密西西比河。

第五，承担责任。欲戴皇冠，必承其重。责任是每一位领导者必须承担的，一个人只有让自己承受压力，才能成为一个攀登者，持续向自己人生的巅峰前行。

第二节　做一个终身学习者

从“你不行”到“世界冠军”

有一个女孩8岁时被省乒乓球队拒之门外，13岁又遭到国家队的拒绝。在5位教练中，甚至有4位都认为这个女孩先天不足，再努力也不可能超过国内的选手，更不用说去挑战欧洲选手了。令人万万没有想到的是，正是这个遭受了无数次“你不行”的女孩，居然夺得4枚奥运金牌、18个世界冠军。

你一定听过这个女孩的名字——邓亚萍。

如果邓亚萍是一个固定型思维者，那她肯定早就放弃了。但幸运的是，这位成长型思维的选手遇到了另一位成长型思维的教练，这位教练就是张燮林。他曾先后在第26、27、31届世乒赛上夺得冠军，又从1972年到1995年任中国乒乓球女队主教练，率队夺得10届世乒赛团体冠军。

张燮林说，邓亚萍的个子矮恰恰是她的优势，因为对于邓亚萍来说，对方打过来的所有球，她都有扣杀的机会。

这句话成为邓亚萍一路向前、不断拼搏的原动力，而且还成就了她独一无二的打球风格，铭刻在邓亚萍的内心深处，成为她永远也无法忘记的人生信条。

如前所述，成长型思维的人具有很强的复原力，但世界冠军也不可能总是一帆风顺的。1994年，邓亚萍在亚运会的决赛场上，以1比3的大比分输给了日本选手小山智丽。在这场比赛中，包含了两个意料之外的因素，正是这两个意外因素让邓亚萍错失桂冠。

第一个意外是乔红。乔红是当时最被各界看重的头号种子选手，邓亚萍的赛前训练都以乔红作为对手进行着十分严密的战略战术部署。万万没想到，乔红居然败给了小山智丽。

而第二个意外更让人暗暗心惊，在那场世纪末的比赛中，小山智丽超水平发挥，把邓亚萍的好几个绝杀都成功地防御了下来。这让第一次遇到这种情况的邓亚萍一时愣了神，现场表现逐渐落于下风，最后只得了亚军。

但成长型思维者邓亚萍善于复盘，她不允许自己在相同的场景中失败第二次。类似的场景果然很快就来了！1996年奥运会，女乒单打决赛场上，虽然开始时邓亚萍接连拿下两局，但关键的第三局才一开局，居然就有观众开始大声喧哗，干扰比赛的正常进行。

尽管干扰者最后被保安“请”出了赛场，但邓亚萍一开始气势如虹的“势”似乎也被带离了赛场。这么一折腾后，对手陈静突然“小宇宙爆发”，连扳两局，居然追成了2比2的平手。

意外情况再现，但这次邓亚萍是怎么做的呢？

她不疾不徐地用手在球台上用力按了三下，就这么简单？是的，就这么简单。这是教练教她的一个在赛场上克服压力的小动作，和我们现在经常听到的“正念练习”很相似。

1996年，“正念练习”的概念还没传入中国，但正是每次开球之前，一次次地重复这个按球台的动作，就能有效地帮助参赛选手从压力中回到当下，进入“过往不恋，未来不迎，当下不杂”的状态。

在这种状态下，邓亚萍冷静了下来，最终以21比5的超级大比分，获得了1996年奥运会女乒单打冠军！

1997年，邓亚萍离退役的日子越来越近了，退役后何去何从是一个很大的问题。固定型思维者很可能想，运动员退役后就应该直接去做教练，之前的积累才不会浪费；但成长型思维者邓亚萍却走了一条“少有人走的路”。

她选择去读书，而且选择了清华大学。

清华大学聚集着来自五湖四海的天之骄子，乒乓实力强悍至极但文化底子较薄的邓亚萍怎么可能拿自己的短板去和这些人较量？这种无形的压力施加在任何一个人的身上，都会引起强烈的不适。

果不其然，在清华大学第一堂课上，老师坦言："你（邓亚萍）很难跟上大课，尤其是英语。"然后接着问："你现在的英语是什么水平？"邓亚萍小声说："是零。"老师接着试探说："要不先从26个字母开始？"

但邓亚萍铆足了劲儿，把英语字母大小写混写，都没凑齐26个字母。

是的，这就是邓亚萍在1997年时的英语水平。

但困难从来不会难倒成长型思维者，对抗熵增做功是成长型思维者心智中的底层程序。就像邓亚萍经常说的，任何事情，你都是从不会到会，从会再逐渐地去感悟和提炼这个成功的规律。

邓亚萍被国际奥委会主席萨马兰奇任命为委员会成员后，她发现所有委员都能讲英语，只有她不得不带翻译；人家讨论问题都能即时交流，她却只能等翻译译成中文后再和别人交流；而且之后国际奥委会还要在葡萄牙开会，邓亚萍需要在会上做一次英语演讲。

怎么办？爱反思并且总能找到办法的邓亚萍找来一个私人英语教师，并请他把这次拟好的演讲稿通过音频的方式录下来，然后她就按照这份录下来的音频，逐字逐句地模仿和学习。

这篇对一个大学生来说可能只要花1个下午就能背诵的稿件，邓亚萍整整花了1个月的时间。

在葡萄牙首都里斯本举行会议的日子很快就到了。萨马兰奇在会议上听完了邓亚萍的英语演讲，发自内心地感叹道：“邓，才学了3个月的英文，就能够有今天这样的发言，我们所有人都应该给她祝贺鼓掌。”

是的，24岁才从零开始学习英语，这对任何一个固定型思维者来说都是不可能的事，但却真实发生在这位前女乒世界冠军邓亚萍的身上。

2001年，邓亚萍获得了清华大学英语学士学位；同年9月，前往英国诺丁汉大学，攻读硕士学位；2003年，获得硕士学位并被剑桥大学录取，攻读经济学博士学位。2008年，一向严进严出的剑桥大学授予邓亚萍博士学位。至此，在剑桥大学近800年的历史长河中，第一次出现了世界顶级运动员获得博士学位的案例。

邓亚萍的成长之路布满荆棘，如果她面对一次次挑战，向熵增屈服，不再努力做功，她仍旧可能衣食无忧，但她绝不可能在2009年就任共青团北京市委副书记，2010年任人民日报社副秘书长，2015年受聘为中国政法大学兼职教授，2016年与新东方创始人俞敏洪联手打造国内第一家体育产业创新创业平台，2020年7月，参加腾讯视频体育竞技节目，担任总教练。可以说，邓亚萍的传奇还在继续……

在相距万里的法国，世界最出色的厨师之一伯纳德·卢瓦索的自杀行为让人扼腕叹息。

在欧洲，如果一家餐厅在《米其林指南》上以三星列席，是一个至高无上的荣耀。

想要成为一家米其林星级餐厅，除了使用最新鲜的食材烹饪和厨师具有十分高超的烹饪技艺之外，还需要与时俱进的创新精神。只有这样，才能在竞争激烈、不进则退的米其林星级评测中脱颖而出。

卢瓦索厨师的餐厅就是为数不多的米其林三星餐厅之一，而且卢瓦索本人还是被称为“味觉爆炸”的一种全新烹饪方式的开创者。他主张使用食物最天然的味道来取代法国传统菜肴中的奶油、酱汁和黄油；同时，卢瓦索还是一个企业家，除了经营在勃艮第的米其林三星餐厅外，他还在巴黎收购了三家同样高水准的餐厅，他的饮食集团还于1998年在巴黎交易所上市，一举成了世界上唯一拥有上市公司的大厨。

这样一位杰出的集厨艺与商业头脑于一身的精英人士，却在2003年《米其林指南》出版之前，因其餐厅在另一部《高勒米罗美食指南》中被扣了2分后，社会舆论认为他会因餐厅的米其林三星称号将要不保而被巨大的精神压力击垮。2003年2月25日，时年52岁的卢瓦索在法国东部城市第戎的家中被发现饮弹自尽。

1996年，同样的悲剧还在巴黎名厨阿兰·齐克身上发生过，他因失去了一颗米其林星级而饮弹身亡；还有17世纪最著名的厨师维特尔更，他在为太阳王路易十四准备食材时，一种鱼没有及时送到，维特尔更便拔剑自刎。

三位名厨，三场悲剧。如果他们能摆脱固定型思维的束缚，用成长型思维看待压垮他们的最后那根稻草，理解“比失败多一次的做功，是成长”，或许就有机会把更多的美味和幸福带给更多的人；他们自己也有可能攀登上更高的人生巅峰。

从全身瘫痪到催眠大师

米尔顿·艾瑞克森被誉为“现代催眠之父”，在催眠领域的家庭治疗以及短期策略心理治疗领域是权威。

1919年，年仅17岁的艾瑞克森患上了小儿麻痹症。这场突如其来的大病让艾瑞克森除了眼睛之外，其余部位都无法动弹。

他的母亲连续向三位医生求治，得到的却是“放弃治疗”的建议。要知道，艾瑞克森是完全能听到医生对母亲说的话的。接下来，艾瑞克森用行动证明，他是一个成长型思维者。他通过眼球的转动向母亲传递信息，并且还示意，希望将他的床移动到窗户旁边。

次日，三位医生都被艾瑞克森展现出来的惊人意志力和传递信息的新奇方式震惊了。但他们表示，就算艾瑞克森能活下来，也永远无法重新站起来。

令人万万没有想到的是，病灶虽然限制了艾瑞克森的身体，却没有限制他的思想。他利用躺在床上的时间，通过思想和想象创造出了催眠术，并花了3年时间，不仅重新站了起来，甚至还能划着独木舟，独自畅游密西西比河。

艾瑞克森到底是怎么做到这一切的呢？答案正是催眠术中的暗示。

艾瑞克森如果是一个固定型思维者，医生的“暗示”无疑是给他判了死刑，但作为一个成长型思维的坚守者，他不仅否定了医生的“暗示”，反而用一个新的“暗示”——我要站起来，来对抗前一个“暗示”。

在不断地探索下，他在全身放松（符合现代催眠条件）的情况下，回忆起小时候摘苹果的画面。在一次次反复“观看”这个画面的过程中，画面的动作像今天高速摄影机一样，被分解为一帧帧极其细微的动作。而与此同时，他的大脑也在极度专注的情况下，开始通过身体做细微的移动，去体验这些动作。

通过这些画面的引导，艾瑞克森的肌肉从微小的行动能力开始恢复，就像我们经常在电影里看到的一个植物人的手指开始轻轻移动的镜头，这就是艾瑞克森的身体走向痊愈的开始。

很多身体健全的人都无所建树，但艾瑞克森却用成长型思维为人类探索出了催眠的技术。

无独有偶，电影《超人》的男主角克里斯托弗·里夫，在1995年因一次意外事故摔断了脖子，他的脊椎和大脑之间的联系被切断了。

里夫也是一位成长型思维者，他不服输，启动了一系列艰难的康复训练计划。奇迹的发生让主治医生惊呆了。里夫用5年时间使自己从手到胳膊、从腿到整个躯干，都逐渐可以活动了！虽然离痊愈还有很远的距离，但大脑扫描显示，他的大脑与身体之间的联系又开始逐渐畅通了。

成长型思维者里夫从影片中的超人变成了现实中的“超人”，他改变了医学界对人体神经系统的认知，为全球所有脊椎受伤的人带来了希望。

成长型思维成就领导力

“钢铁大王”安德鲁·卡耐基曾说：“我希望自己的墓志铭这样写：这里长眠的人能把比他更优秀的人才招至麾下。”是的，卓越的企业家比起普通的企业家来说，更善于发挥别人的优势，也能把别人培养为成长型思维者。

杰克·韦尔奇这位通用电气董事长兼CEO成就了商界的传奇。他只用了短短20年的时间，就让这家当时市值仅140亿美元的公司增长了34倍，达到了4900亿美元。他所推行的六西格玛标准，也成了全球现代制造业的通用标准之一。

杰克·韦尔奇的成长型思维主要体现在以下三个方面。

第一，关注员工的思维模式，而不是他们的背景。一开始，他也和其他很多高层管理者一样，热衷于聘用来自麻省理工学院、普林斯顿大学、加州理工学院等名校毕业的人。后来他明白了，原来“对工作充满激情和欲望的员工”才是最宝贵的人才，而一份简历并不能告诉他这些人是否是这种类型。

第二，重视和员工之间的沟通。他命令建立畅通无阻的沟通渠道去了解员工喜欢公司的哪些方面，不喜欢公司的哪些地方，还有哪些地方亟须改变。这个举措在当时让员工们十分惊讶，因为这是那些主管人员从来不曾想过的问题。

第三，以决绝的方式辞退手段残忍的高管。相比于那些欣赏甚至崇拜使用高压手段管理者的人，杰克·韦尔奇认为，高压政策只会让人的思维退缩，不利于提高生产力。

正是在成长型思维领袖韦尔奇20年的持续带领下，通用电气公司获得了非凡的成就。

另一位让人刮目的成长型思维领导者是IBM的郭士纳。

和韦尔奇相似，郭士纳也率先打通了高层与基层之间的沟通障碍。他接手IBM才6天，就给每一位员工发送了内部通知，告诉所有人：他将尽可能在接下来的几个月里，遍访每个办公室，和大部分人面谈如何将公司做大做强。

郭士纳同时还开除了一些热衷于玩弄权术的人，奖励为团队着想的员工，而且在分配团队奖金的时候，更偏向于传达“公司不需要少数人加冕为王，而要团队协作”的信号。

在郭士纳之前，IBM已经成了一个官僚作风非常严重的公司，但郭士纳顶着压力，在175名美国顶尖公司高管聚集的大会上，宣布IBM将把顾客放在第一位，并立刻宣布了大幅调低电脑主机价格的举措。

刚开始的三个月市场反响平平，但大船掉头是需要时间的。郭士纳顶住了来自各方面的压力，并通过九年如一日的努力，2002年3月，在他卸任时，IBM不仅股价翻了8倍，而且还“在IT服务、企业用户软件等诸多领域达到了世界第一的水平”。

让人印象极为深刻的还有丘吉尔，是的，就是那位带领国民抗击法西斯的英国前首相。

如果看过以真实历史事件改编的电影《至暗时刻》，你就会理解丘吉尔在当时的局势下是多么无助。前首相张伯伦不仅不帮忙，还依靠自己的个人影响力在议院中拖后腿，给丘吉尔施加压力，一味地姑息纳粹德国在欧洲大陆肆虐。

丘吉尔深知和纳粹德国的和平谈判意味着什么——和一个疯子谈判，意味着整个国家都会因这个疯子而陷入混乱。

就是因为这种远见卓识，丘吉尔获得了英国底层民众精神上的支持，并发表了著名的演讲：“不惜一切代价去争取胜利，无论多么恐怖也要争取胜利，无论道路多么遥远艰难，也要争取胜利，因为没有胜利就无法生存。”一举获得了下议院381票的绝对支持。

正如法国作家萨特所说：“丘吉尔的伟大，正是他一直坚持与所有人意见不同，他并没有看见希望，而是坚持之后才看见了希望。”

可以说，如果没有丘吉尔这位具备成长型思维的领袖型首相，整个人类的历史可能都将被改写。

Part 第三章 03

熵减法则：损失厌恶原理

人是一个惰性很强的物种，对抗熵增定律从人类的本能上来说是反人性的。因此，需要一些心理学原理的辅助来增强做功的动机，而损失厌恶原理正是可以用来辅助做功的心理学原理之一。

第一节　比起成功，我们更害怕失败

我们天生喜欢规避风险

我们先来做一个思想实验。现在你被邀请参加一个游戏：向上抛一枚质地均匀、绝没有被做过任何手脚的硬币，抛出的结果如果是正面，你将获得120元；而如果是背面，你将输掉100元。看到这个游戏规则，你会不会产生一种不愿意参与的想法呢？

如果你学习过概率，一定知道如果长时间将这个游戏玩下去，由于输赢的概率是相同的，但赢得游戏获得的奖励大于输了游戏蒙受的损失，你的期望为正，所以必然是挣钱的。但冥冥之中你很可能会感觉到一种情绪，这种情绪让你拒绝参与这个游戏。别担心，不是因为你谨小慎微，而是因为你是一个正常人，正常人都会产生类似的对风险的规避情绪。

事实上，这个思想实验在世界上被做过无数次，结果绝大多数人都不愿意参与游戏。因为对于多数参与者来说，损失100元的痛苦将远远大于获得120元的快乐。而且经过反复测试，最终实验人员发现，只有当赢了游戏的奖励达到200～250元时，人们才会愿意参加这个游戏。

还有一个思想实验也很有代表性。假设现在有一种非常罕见的疫病在非洲某个村子里暴发了，作为国际卫生组织派往当地的负责人，你面临着两个可供选择的治疗方案。

如果执行方案A，必然有4000人可以获救；而如果你选择了方案B，将有40%的概率，总计10000人能获救，但也有60%的概率所有人都会死亡。你会如何做这项艰难的选择呢？

先做选择。如果你想好了，请继续往下看，看别人是怎么选的。绝大多数被测试对象选择了方案A，而不是方案B，尽管从数学期望的角度看，A、B两个方案能拯救的人数几乎是一模一样的，但在这场思想实验中，竟然有72%的受试者选择了方案A。

看到这里，损失厌恶原理的概念就呼之欲出了，它是指人们在面对相同数量的损失和收益时，损失会让人更加难以接受；相同数量的负面效用在心理层面上的作用是正面效用的2～2.5倍。损失厌恶原理反映了在人类心理活动中，大多数人对于风险偏好的感觉是一致的，更厌恶损失。

损失厌恶原理本质是一种认知偏差，通常被认为是对人们日常行动不利的因素之一。比如，人们很容易被商家诸如“错过等一年”“满100人涨价5元”等营销心理术套路迷惑；而在投资市场，由于厌恶损失，人们会不愿意抛售下跌的股票，却更偏向于将上涨的股票做获利了结。殊不知正是因为上涨的股票业绩持续增长，才使股价一路上扬；而下跌的股票通常利润长期下滑，积重难返，才会在中长期呈现颓势。但因为损失厌恶心理的存在，绝大多数的新手投资者采取了与正确策略相反的行动。

但正如一枚硬币有它的正反面，损失厌恶原理本质上是一种对人类心理学的探究，是对人性的洞察。因此，只要合理并善加利用这项人们心中底层的机制，也能使损失厌恶心理成为自己对抗熵增、主动做功的动力。

这是为什么呢？比如你在学生时代，老师经常会对学习动力不足的学生说，如果明天再不完成作业，就要请你的家长来学校谈谈。收到这样的“最后通牒”后，你极有可能因不希望家长来学校面谈而乖乖听老师的话，保量（但不一定保质）将作业写完。因此，虽然人类的本能是懒惰的，但由于损失厌恶原理的存在，为了规避损失，就算是小孩也能产生动力，克服熵增，主动做功，去完成知道要完成，但迟迟没有动力去做的事情。

在损失厌恶等的理论提出之前，经济学家通常会假设人都是理性的。人们只是因为主观偏好的不同，所以对可能会发生情况的选择不同，导致不同的人做出不同的判断或决策。1970年，丹尼尔 · 卡尼曼教授与他的同事阿莫斯 · 特沃斯基对这一领域进行了研究，将心理学领域的综合洞察力和经济学进行了结合，并且从实证研究的角度出发，从人的心理特质和行为特征中找到了影响人们选择行为中的非理性因素。1979年，两位教授正式提出包括损失厌恶原理在内的前景理论，成为行为经济学的重大成果之一。

提出损失厌恶原理的丹尼尔·卡尼曼是一位拥有以色列和美国双重国籍的教授。20岁时，卡尼曼获得了耶路撒冷的希伯来大学心理学和数学双学士学位。7年后，卡尼曼在美国加州大学获得了心理学博士学位。

1961—1978年，卡尼曼先后在希伯来大学任心理学讲师、高级讲师、副教授和教授；1978—1986年，卡尼曼在加拿大不列颠哥伦比亚大学任心理学教授；1986—1994年，任美国加州大学伯克利分校心理学教授；1993年起至今，任美国普林斯顿大学心理学教授，同时兼任伍德罗威尔逊学院公共事务教授，并从2000年起兼任希伯来大学理性研究中心研究员。

除此之外，丹尼尔·卡尼曼还是美国科学院院士、美国人文与科学院院士、实验心理学家学会会员，同时还兼任了包括《行为决策》《风险与不确定性》《经济学与哲学》等多家知名刊物的编辑。

2002年10月8日，瑞典皇家学院宣布，因为卡尼曼把“心理学研究的成果与经济学研究融合在一起，特别是于不确定状况下的决策制订有关的研究”，丹尼尔·卡尼曼与弗农·史密斯教授共享诺贝尔经济学奖。

在卡尼曼教授之前，心理学和经济学在研究人类行为上有着很大的区别。比如经济学认为外部激励会对人的行为产生影响；而心理学则认为人的内部激励才是重要的决定因素。其中的区别主要在于经济学假设人是充分理性的，但在现实生活中的人却不会那么理性，其中一定有什么因素影响了人们的行为结果。

通过将心理学因素引入经济学中，卡尼曼教授通过实验成果证明了人的决策行为是怎样系统性地偏离经典经济学所预测的结果的。他不仅展示了人为决策怎样异于标准经济学的预测，同时他的发现还激励了新一代经济学者通过运用心理学来洞察和研究经济学，而损失厌恶原理就是其中之一。

因害怕损失而改变

国内知名学习专家、畅销书《上手》的作者许岑老师曾经分享自己的学习心得。他说为了训练人的专注力，有一个撒手锏，这个撒手锏就是购买一件足够昂贵的学习工具。比如，有一段时间许岑老师学习吉他，普通人通常会在琴行里买一把200～300元的入门款吉他，稍稍“发烧”一些的吉他爱好者顶多会去买几千元的中高端款吉他。但许岑老师偏不，他认为要买就买极品，在他26岁首次学习吉他的时候，竟然买了一把47000元的吉他。

可能很多人会觉得许岑老师家里比较富裕，其实不然，这47000元是许岑老师向他的朋友们借的，他花了整整一年的时间才把购买这个乐器的外债还清。

你可能会好奇，为什么他要这么做呢？因为他下定决心要好好学会吉他这个乐器。他认为，自己必须每天投入大量时间练习，因为“少弹一会儿就是一种浪费”。

在这种信念的驱使下，许岑老师在学习吉他期间，每天练琴的时间从不少于4小时，这让他在很短的时间内就能演奏出高难度的作品。

同样地，有一段时间许岑老师开始练习书法，很多人都用报纸练习，讲究一点儿的人喜欢用5毛钱一大张的土黄色元书纸，而许岑老师的选择再次让人惊讶：他购买的是每张20元的高档宣纸。通常一张宣纸可以写20个字左右，这意味着每写一个字就要花1块钱。这显然又会在极大程度上触发人们内心中的损失厌恶情绪，于是，就会倒逼自己“每一次落笔都必须郑重其事才行”。

基于以上两个事例，许岑老师认为，无论是学习工具，还是其他任何用品，买东西千万不能图便宜，因为表面看起来省下了钱，但图便宜却会大大浪费一个人的时间，因为“便宜的东西本来就不是依靠专注力制造出来的，只有买来昂贵的物品才能让你感知到某种专注力，才能对一个人本身的专注力形成一种训练”。

由此看来，如果想让自己充满学习动力，购买价格昂贵的教学物品，启动自己的损失厌恶机制，不失为一项行之有效的措施。

还可以利用损失厌恶原理让自己早起。虽然社会上也存在早起打卡社群，但有些人对于缴纳这点儿钱可能并不在意，不在意就无法触发损失厌恶，如果自己恰恰就是这种情况，又该怎么办呢?

时间管理专家纪元曾经做过一次分享。在分享中，纪元老师提出了一个有趣的早起方案，这个方案同样运用了“损失厌恶机制”，能让人产生足够的动力，我们一起来看看是怎么回事儿。

方案由如下三个步骤组成：第一步，准备两个闹钟或两部手机，如果期望自己6点起床，那么就把其中的一个闹钟设置为6点，并把它放在自己的卧室里；第二步，将另一只闹钟设置为6点03分，并把它放在客厅里；第三步，设置为6点的闹钟闹铃的音量可以适当地小一些，只要能把自己从睡梦中唤醒就可以了，而设置为6点03分的闹钟则要把闹铃的音量调至最大，大到足以把全家人都吵醒。

如此一来，第二天早上，等第一只闹钟把你唤醒之后，为了不让3分钟后产生巨大闹铃声的闹钟触发（规避可能被家人骂的精神损失），你就有足够的动力起床，并去关闭那只即将响彻全家的闹钟了。而这么起来走一圈，很大程度上睡意就会消失，早起的目标也就达成了。

星星法则，做出持久改变

什么是星星法则？这是美国畅销书作家马丁·麦德斯在其新书《如何做出一项持之以恒的改变》中提出的结构化坚持模型，这项法则由Start（开始）、Traction（奖惩）、Adherence（坚持）、Refinement（修正）四个单词组成。因其首字母正好组成了STAR（星星），故被称为星星法则。

星星法则的核心原理同样脱胎于损失厌恶原理，但它更结构化、更有章法和步骤。

第一步：Start（开始）。比如一个体重超标的女孩子，从某一天起决定要用管住嘴、迈开腿的方式来减肥，但是她特别爱吃蛋糕、冰激凌之类的甜点，所以在“Start”部分，她决定从今天起就不再去碰这些含糖量高的食物了。

第二步：Traction（奖惩）。只有一个决心显然是不够的，所以在星星法则的奖惩环节中，有两个行动是必不可少的。首先，女孩必须在社交媒体上公开自己“不再碰甜食”的承诺；其次，就是关键点，要提高自己忍住不吃甜食的动力，她可以在朋友那里押1000元，再把每次进食的照片发给对方。如果一旦不守承诺，对方就有权从1000元押金中拿走200元。

第三步：Adherence（坚持）。每当自己坚持不住要放弃的时候，就要想到一旦放弃，不仅在社交媒体上违背了自己的承诺，继而损害了个人形象，同时自己的1000元钱也要“贡献”给这位朋友了。正因为这份损失厌恶的心理机制，让她更愿意做出理性的行动，从而设法规避损失。

第四步：Refinement（修正）。在取得了一定的进展之后，比如体重有一定幅度的下降，此时就不应该只是简单地重复；而是要重新回到原点，审视和思考怎样才能更高效地降低脂肪。比方说可以把每天做15分钟有氧运动的举措加入公开承诺和“不做就扣押金”的玩法当中，用来让自己更有动力每天坚持运动。

小心被别人的套路迷惑

认识了损失厌恶原理能帮助人们产生动力、对抗熵增做功；

而同时也会被他人利用，成为迷惑我们的工具。那么，到底应该怎么做才能规避损失厌恶原理对我们产生的负面作用呢？

在丹尼尔·卡尼曼的畅销书《思考，快与慢》中，卡尼曼教授把人的大脑分为两个系统：系统一和系统二。系统一主控快思考，系统二负责慢思考。

快思考是感性的，它既是人们的本能反应，也是平时经验积累的结果，系统一的运作是快速且无意识的。简单来讲，快思考就是我们通常所说的“不过大脑”，比如乘法口诀“九九八十一”“七七四十九”，这些已经成了我们的本能和应激反应。

慢思考则是理性的，是通过学习、计算、逻辑推理等需要花费大量时间和脑力深入思考的过程。比如做一道复杂的逻辑推理题，或者在两个重要选择中深思熟虑，做出最优的选择。

在日常生活中，人们在绝大多数时候都在使用系统一（快思考）来工作，因为快思考是常态运行且不能被关闭的。但系统一往往会受到像损失厌恶原理等认知偏误的影响，所以经常会出现错误的决策。而系统二（慢思考）虽然能避免我们陷入各种陷阱，但系统二是懒惰的，需要主动激活它才会发挥作用。

因此，为了规避损失厌恶原理产生的负面作用，首先，要在今天学习了损失厌恶原理后有一份觉知，看到他人使出类似招数的时候，要有自己正在被他人迷惑的意识；其次，在意识到自己被迷惑的时候，要主动地调用系统二，请出慢思考来判断对方希望你购买的这件商品或者做出的某项行动是否是自己真正想要的。你是被损失厌恶控制了，还是购买或者这项行为的确是你认真思考后的正确行动。

以投资场景为例，一个规避损失厌恶原理的好方法就是不再进行可以迅速完成交易的股票投资，转而去做行业基金。因为行业基金的交易通常需要24小时以上才能完成基金份额的转换，这就给了我们大量的时间去调用系统二（慢思考），从而觉察自己是否受到了股价波动的影响，是否被损失厌恶的情绪操控。因此，在投资上如果采取类似天然能调用自己系统二（慢思考）的方式，就能成为掌控者，不再被损失厌恶左右。

事实上，调用系统二（慢思考）的过程也是一个克服熵增、调用脑力做功的过程。因此，能识破损失厌恶原理，能有一份觉知主动地调用慢思考的时候，你也就成功地完成了一次做功。

第二节　通过“损失”激发行动

在线教育的套路

随着移动互联网时代趋于成熟，一批在线教育公司已经逐渐成了人们课外学习的一部分，并且还有逐渐演变为主流学习方式的趋势。目前，成人类在线教育主要依靠的是自觉学习，对于青少年中自控力偏弱的群体来说，在线教育公司采用了怎样的策略，才会让这些孩子学习起来欲罢不能呢？

我们以针对6—12岁孩童为目标受众的某少儿英语为例，该在线教育的英语学习服务产品的售价为每月99元，但只要用户在28天的学习时间内，努力学习打卡满21天，平台方就会返还用户全额费用作为奖学金。

处于该年龄段的学生对金钱已经有了一定的概念，所以损失厌恶原理就能在这里发挥作用了——为了拿回99元的学费，不少孩子会铆足了劲儿学习，每天主动在固定时间打开该英语学习小程序，完成一天的打卡学习；还有一些学生担心自己会遗忘，甚至还专门设置闹钟来提醒自己完成学习打卡。

这个从家长逼着孩子学习的“要我学”到孩子主动、积极学习的“我要学”的场景，想必是任何一个家长都喜闻乐见的一幕，而在用户拿回了奖学金后，这类平台表面上看起来白白付出了劳动服务，赚了吆喝却赔本。但实际上由于孩子在这28天中充分体验了这款少儿英语产品的特性，许多孩子也的确通过一个月的学习，英语水平提高了，那么就会有相当比例的家长愿意支付更多的钱，来对这项英语学习服务支付更高的续费费用。

另外一些平台采取的同样是损失厌恶原理，但具体的打法却略有不同。这些平台在试听期间会对孩子的每一个动作进行激励，比如题目答对了，可以奖励5个金币；在和同龄人在线PK时获得了胜利，又能拿到一个奖杯，点击奖杯就可以立刻得到50～150枚不等的随机金币奖励。

而当整个体验期结束的时候，系统会告知这些孩子及其家长，只要报名正式班，所获得的金币可以兑换金币商城里的商品，比如铅笔盒、书包等学习用品，或者乐高玩具、自平衡车等孩子们很喜欢的玩具；但如果放弃报名，这些辛辛苦苦积攒下来的金币也会消失，再提供6个小时考虑是否支付并报名正式班。

当然，从商业的角度来说，这样的做法可能会有一些“营销逼单”的感觉，但不得不说，孩子在拿到金币的时候大脑无疑会分泌不少多巴胺，而这些由于即时奖励所产生的多巴胺则正是孩子在学习过程中获得的乐趣和成就感。这些乐趣和成就感又会反过来激励孩子在这些在线教育的小程序里学习。而原本对于难题的畏惧，则就会像游戏里的关卡一样，通过打怪升级，消失在孩子们答题冲关的努力中。

商家的“限时活动”

损失厌恶原理经常被用在市场营销领域，比如我们作为用户经常会看到的营销类手法主要有以下四种。

第一，限时秒杀。在限时秒杀的页面中，一个商品的旁边通常会有一个倒计时秒表，用来暗示用户，你浏览的商品超级优惠，但低价是有时限的。如果过了这个时限，你就无法享受到这项优惠。这时候，用户头脑中不愿意错过低价的损失厌恶机制就会被启动。因此，限时秒杀策略被沿用至今，并且经久不衰。

第二，席位有限。另一种触发用户损失厌恶机制的策略是明示用户席位有限，这个策略经常会出现在线下活动的邀约场景中。这类邀约通常会这样描述：由于场地的限制，只能容纳50人，因此想要参加本次线下沙龙的请务必抓紧时间购票，切勿错过本次与××老师面对面交流的机会。

第三，满减包邮。随着电商的普及，越来越多的人喜欢在线上购物，但物流是有成本的，因此商家为了提高单位客户成交的客单价，会人为地设置一个门槛。比如88元包邮，而低于88元则要支付一笔15元的运费。用户会觉得，15元的运费太多了，为了避免自己在运费上吃亏，就会努力凑单，直到凑满88元，从而获得包邮服务。

第四，限时涨价。如今，内容付费类的课程在国内已经非常流行了，它通常以音频的方式呈现，让人们在路上或做家务的时候收听课程能节省很多时间；而通常一些课程在结束后会继续更新，当更新的数量达到一定体量时，平台方就会告知：由于已有大量更新，我们将在几月几日做涨价处理，如果希望低价购买，还请抓紧时间。这条消息一发出来就会刺激到一些还没购买的用户，既然自己对这门课程挺感兴趣的，那趁还没涨价的时候就赶紧拿下它，从而可以省下一笔涨价的差额。

在股市中，损失厌恶原理经常会让人“买股深套”或者“卖了就涨”。如果你观察过诸如酒类、奶类、地产以及白色家电行业的龙头股，会发现在最近10年，这些股票涨了5倍、10倍，甚至20倍不止，但为什么这些股票的股价涨了那么多，股市里依旧流传着“一赢二平七输”，即10%的股民赚钱，20%的人不亏不赢，70%的亏钱？大家都去买这些白马股，长期持有不就都能挣钱了吗？

事实上，就算是这些“名特优”（名牌、有特点、优质）的白马股，在长期上涨的过程中，依旧会存在跌幅高达30%~50%的巨幅震荡，而现在股民们在手机端就能非常方便快捷地操作，这就会让很多持有“名特优”白马股的股民因为厌恶损失，而在中途就“下车”。而另一些购买了股票，因为股价下跌而变成“股东”（特指股价下跌被套，被动长期持有该只股票）的股民，由于厌恶下跌抛出后实际发生亏损的损失，就不得不捂住每日阴跌的股票，期待下一次牛市的到来，以获得解套。

Part 第四章 04

熵减法则：从众效应

从众效应如果使用得当，是另一种可以帮助人们对抗熵增定律、实现正向做功的心理学效应。不过这项心理学效应和损失厌恶原理不太一样，它产生的不是动机，而是一种触发。接下来，在深入了解从众效应的机理之前，让我们先来近距离观察一下从众效应。

第一节 别人都在做，我也要做

阿希的“线段实验”

在朋友圈里你可能看到过突然刷屏的“立扫把挑战”：大家把家里的扫把立起来，不仅拍照片为证，还附上了一句号称“来自NASA”的文字证明：今天是地球完美的重力角度，是唯一一天能让扫把独自站立的日子。一时间，各种款式的扫把出现在朋友圈里，开启了一场来自各地的“扫把秀”表演。

这个场景并不少见。你可能还记得，有一年圣诞节，朋友圈里还出现过各路好友向“微信官网”讨要圣诞帽的一幕，有些人要到了，他的微信头像上就戴起了一顶可爱的圣诞帽；而有些人则苦苦久等，“微信官网”却没有给他也来上一顶。

以上这些发生在朋友圈里的现象都是我们所说的“从众效应”的表现。所谓从众效应，是指个人受到了来自外界人群行为的影响，因而在他自己的知觉、认识和判断上都表现出和公众舆论或者大多数人的行为方式一致的行为。

为了得出从众效应的特点，1955—1956年，所罗门·阿希教授进行了著名的心理学实验——线段实验。这项实验以大学生为受试对象，实验人员把大学生每7人分为一组，围坐在一起，然后向每组学生出示A、B两张卡片，其中A卡片上有一条线段，而B卡片上则是长短不一的三条线段。实验人员要求受试者逐一判断B卡片的三条线段中，哪一条和A卡片的线段长度最接近。

在阿希教授的实验中，他把一次实验分为18场，前6场按照真实情况进行，哪根长度接近就直接说出正确的那根；但从第7场开始，前6名同学是被安排好的托儿，他们开始故意“带节奏”，一个个报出错误答案来误导实验对象。现实中，明眼人一看就能判断出，长度最相近的应该是线段C，但实验人员提前安排好的托儿却故意说错，而且还一致地给出一个错误的答案。与此同时，实验人员开始观察这第7位真实的受试者是否会发生预想中的从众行为。

结果显示，被试者的反应可以被总结为如下三类。

第一类：这类受试者从头到尾始终如一地坚持自己的判断，这类人占24%。

第二类：在12次实验同学故意说错的场次中，他们至少会发生一次从众行为，这类被试者占71%。

第三类：自始至终始终从众的受试者，占5%。

从总体结果来看，平均有三分之一的人会有从众行为的发生。

此外，为了验证误导者的数量和误导率的关系，阿希教授还安排了类似的实验，并得出了如下结论。

1名误导者+1位受试者，从众率1%；2名误导者+1位受试者，从众率13%；3名误导者+1位受试者，从众率32%；再增加误导者数量时，从众效应发生率的上升就会趋于平缓，不太明显了。

创设“线段实验”验证从众效应的所罗门・阿希教授是格式塔心理学派的创始人之一。他于1907年在华沙（今属波兰）出生。13岁那年，阿希移居美国，并在1928年获得纽约市立学院学士学位，毕业后阿希考入哥伦比亚大学，硕博连读，于1932年获得哲学博士学位。

毕业后，阿希留校执教10余年。在此期间，阿希教授还曾做过另一项研究，这项研究旨在证明一个人对另一个人形成印象通常至少需要掌握的几项特征。不过这些特征并非由几个不同特征拼凑而成，而是一种相对整体的印象。为了对此进行研究，阿希教授做了两个假设，第一个假设认为整体印象=印象A+印象B+印象C+……第二个假设则主张整体印象是各种印象“搅拌融合”而成的一体化印象。事实证明，后者更符合人们的一般经验，被广为接受。

1947年后，阿希教授先后在加拿大布鲁克林学院以及斯沃斯莫尔学院教授心理学。阿希教授的著作有:《群体压力对判断的变化和歪曲的影响》(1951)、《社会心理学》(1952)、《格式塔理论》(1968)。他对后世心理学的研究产生了深远的影响。

从众行动的三要素

从前面的章节我们知道，克服熵增做功的前提是通过行动主动做功，而任何一项行动都由三个要素组成，即行动=动机 × 能力 × 触发，简称B=MAT。

B是Behavior，即行动。比如一个人跑步锻炼身体，通过耗散结构把自身的能量消耗掉，从而把吃下去的蛋白质变成肌肉，消耗多余的脂肪，让自己的身体更健康。

行动从来不会平白无故地发生，行动的产生还需要M，Motivation即动机。比如这个人可能是因为年度体检时，检查出来有重度脂肪肝，医生对他说，如果再不锻炼身体，就要发展成肝硬化了。由于害怕肝硬化，他就产生了强烈的动机。这是我们之前说过的损失厌恶原理在起作用。

可光有动机还不够，如果他的脚受伤了，就没有了跑步的能力，能力也就是第三个字母A，即Ability。所以能力不能少。

还有一个不能少的要素就是T，Trigger，即触发。如果他住在一间四人寝室里，每天早上6点30分，寝室里的三个人都换上了跑步装备，并且每天临走前都不忘叫他一声，那么很可能不出一个月，就算他以前从来没有跑步的习惯，也会逐渐开始加入室友的晨跑队伍，并养成早上起来跑步的习惯。

是的，因为周围人都在这么做，所以“我”也对做某件事情跃跃欲试，这就是从众效应帮助一个人克服熵增做功的推动作用。

让我们再把话题拉回到“立扫把挑战”。这项活动产生朋友圈刷屏的核心原因主要有三个。

第一，这项活动的行动门槛比较低。拿上面讲到的B=MAT这个行动原理模型来分析，会发现对于A的要求一点儿也不高。

第二，对于M来说，好奇心是一个关键要素，之前从来没有尝试过把扫把立起来的人，可能就会按捺不住心中的好奇，想去试试到底有没有可能在“今天是地球完美的重力角度”的情况下，把扫把立起来。

第三，对于其他很多看到这条朋友圈刷屏照片而参与其中的人来说，起到关键作用的正是T。既然已经看到那么多人都参与了，而且其中有很熟悉的朋友、同事，那么我要不要也参与一回，看看这扫把是不是真的能立起来呢?

给自己一个内在动机

我们先来做一个小测试，下面5个场景中，哪几个属于从众效应？

A：每天下午2点，在群里团购奶茶，或者叫上几个人去便利超市吃关东煮。

B：寝室里的4个室友天天晚上一起玩游戏。

C：每天下班路上和几个聊得来的同事开“读书会”，聊聊今天收获了什么知识。

D：把30个减肥者拉进一个微信群，每天通过健身类小程序做运动。

E：加入一个夜跑打卡群。

我猜你可能会以为这五个都符合从众效应。但如果你回顾一下前面讲到的公式B=MAT，会发现T才是从众原理起作用的关键要素。

无论是喝奶茶、吃关东煮、玩游戏、开“读书会”，还是夜跑打卡，你本来已经忘记了做这件事情的时候，会有人来触发你、提醒你。看到这个“场域”中不断有人去干这件事情，你就会开始行动。

相反，30个减肥者在一个微信群里，他们都是不爱运动的人，就好像你把一杯温水倒进了一桶冰水里，如果只有你一个人在群里每天打卡、晒运动时长，除非你是一个特别有毅力的人，否则也很容易终止打卡。

所以，个人如果想要运用从众效应克服熵增做功，就必须加入一个“场域”，让场域本身的高能量不断地触发你，让你也能更轻松地做出行动。

曾经有一项很有意思的调查，据说越南战争期间，有10万名美国士兵在战场上染上了毒瘾，这让当时的美国总统尼克松非常焦虑，生怕这10万瘾君子回国后会引发社会混乱。于是他命令一个叫罗宾斯的研究人员追踪他们。然而，令人吃惊的事情发生了，按照当时正常的毒瘾戒断率，如果有5000人能摆脱毒瘾，回归正常生活就可喜可贺了，令人万万没有想到的是，居然有95000多人回归到了正常生活！

这自然是一件好事，但到底是为什么呢？罗宾斯通过反复研究得出结论：在战场上，残酷的战争让人产生一种“不知道是否能看见明天的太阳”的焦虑，而在当时的越南，毒品唾手可得，这种场域的刺激再加上周围人使用毒品的触发让更多的人开始用毒品麻痹自己，希望在战场上“痛快”一点儿；而回到美国后，国内和平的氛围以及周围正常人的生活让“触发”降低到趋近于零，B=MAT等式右边的乘积也趋近于零，等式左边的行为自然也容易趋近于零。

同样地，我们经常听到有人说："知识可能无法改变一个人，但环境可以。"如果一个人想要在某个领域能不断精进，最有效的做法不是一个人通过看书或听课来达到，看书或听课仅仅可以指向一个正确的方向。最好的做法则是设法让自己找到并融入某个环境中，让环境中的人不断地触发你，这样才能有效地运用从众效应让你不断行动、不断做功。因此，个人可以从三个方面利用从众效应克服熵增。

第一，减少触发策略。我们现在已经知道，触发才是从众效应起效用的关键因子，就如同越南战争中归来的美国士兵，远离了有触发因子的那些人、那些事，T值降低了，从众效应对个人的负面作用也就会显著降低。

具体的做法其实很简单，如果寝室里的其他人天天晚上打游戏，那你可以去图书馆自习；如果睡觉前他们打游戏，声音还很大，一副无线降噪耳机配备白噪声音频是你隔绝外界触发的有效工具。

戒烟也同样如此，如果你对别人说正在戒烟，那对方可能会第二、三次来劝你"要对自己好一点儿"或者"下次再戒烟也不迟"；但如果你更改你的话术为不抽烟，那后面的多次触发可能就会自动失效。

如果办公室里的同事一到下午就扎堆儿点奶茶，你一直想拒绝，但又担心给人留下不合群的印象怎么办？答案是“高挂免战牌”，委婉地说：“我的目标是3个月瘦10斤，现在正在努力，你们自己点吧。”多次之后，同事们在点奶茶这件事情上就会自动“跳过”你，最终你受到触发的频次就会降低到0次。

第二，寻找积极触发。如果你特别想要有所提高，原计划好好读书、听网课，但周围人总是劝你“别傻了”，接着邀请你出去吃火锅、唱歌、蹦迪怎么办？最有效的方法是评估自己的个性后，寻找符合你心之向往的团体，让这个团体成为你积极进步的触发源。

比如，你对读书感兴趣，现在有很多和读书有关的团体，会在周末举办各种读书活动，若去参加不仅可以收获认知上的提升，还有机会结交到和你志趣相投的人。这些人原本分散在城市的各个角落，但却会由于相同的兴趣而出现在这些活动中。

如果你比较宅，可以参加很多互联网公司举办的技能训练营。因为这些训练营通常都是收费的，所以会筛选出许多真正对这门技能感兴趣的伙伴，而这些伙伴将会成为你个人成长精进的有效触发源，让你们真正做到互相陪伴、砥砺前行。

第三，自创触发圈子。如果你想养成一个运动的习惯，最经济高效的办法是什么？其中一个方法就是和身边同样有这个想法的人结盟。和他们约定，每天固定时间要做到互相提醒，提醒后不得推托，且在10分钟内立刻展开行动。这就形成了一个最小的触发运动圈。

如果身边找不到有相似需求的人怎么办？那就到网上拉一个运动群，群里的每个成员每周轮流做值班组长，每天两次督促组员运动，组员每次运动完需要拍照留下证据，比如流汗的自拍或者智能手环的运动记录。

组团前还须规定：组员如果连续两天不运动可以有两个选择：要么发一个50元的红包，要么被组长踢出运动群。如果被踢出后还想加入，需要发一个50元的红包。

你看，又能轮流享受触发服务，克服熵增做功，又能不时抢抢红包，这样的自创触发圈子是不是既有用又有趣？

第二节　不能被群体“抛弃”

主场优势的从众效应

你一定听过比赛场上主场优势这个概念：两支队伍水平相当，如果在第三方球场，可能会战成平局，但只要在自己的主场和对方比赛，主场的队伍往往就能胜出，这就是所谓的主场优势。主场优势到底是怎么产生的？或者说，为什么会有主场优势呢？

有人认为，主场优势之所以会存在，主要是因为主场队伍对本身的环境很熟悉，会有天然的心理优势；而且由于是主场，支持自己队伍球迷的比例会大大高于客场队伍。

但以上两种解释只说对了一部分，在《比赛中的行为经济学》一书中，美国作家托拜厄斯·莫斯科维茨发现，除了球队成员和观众，还有一个关键角色因此受到了巨大的影响，并起到了相当重要的作用，这个角色就是裁判。

因为裁判在激烈的比赛中承受着巨大的压力：嘲弄、吆喝、大呼小叫的观众会给他施压，而且有些狂热的观众甚至会离开座席，直接逼近赛场，有时离裁判只有几步之遥。虽然裁判从职业操守的理性上要做出公正的裁决，但人类潜意识里总有趋于释放压力的倾向。

当一个可能的违规动作出现时，球迷自然在情感上期望裁判作出对主场球队有利的裁决，而裁判也会受观众的语言或非语言信息的影响，在模棱两可的灰色地带，更倾向于偏袒主场球队。因此，对于客场球队来说，除非竞争水平差距很大，否则这就是一场不公平的比赛。

你可能会认为，以上这些会不会只是作者莫斯科维茨的推测呢？下面的事例则证明了裁判的确会受到从众效应的影响。

事例一：2001年，研究人员将裁判分为两组，给两组裁判看一段一模一样的足球比赛，并且重点给他们观看比赛中铲球的片段，让他们来作出是否犯规的判断。在这个过程中，唯一的变量，是A组看的视频伴随着观众嘈杂的声浪；而给B组观看的视频则为静音。结果显示：A组裁判作出的判断更容易与观众声浪传递的信息保持一致；而B组裁判则没有表现出过多的偏袒。

事例二：2007年，意大利的两个足球俱乐部发生了球迷冲突事件。事发后，政府要求达不到安保要求的球场不得有任何观众在场，这就给研究人员留下了整整21场“无观众足球比赛”的宝贵数据。数据显示，在没有观众的情况下，主场球队在犯规上的“优势”明显消失，同一位裁判在有观众和没有观众的情景下，给客场球队的黄牌平均减少了26%，红牌则平均减少了高达70%。

以上事实无可辩驳地说明，裁判明显地受到了主场观众从众效应的巨大影响，由于情绪波动作出了截然相反的判断。

利用从众心理克服恐惧

从众效应不分民族、不论老幼，随处可见。比如一些烤鸭店或者奶茶铺门口排起长队，就会触发路人，引起他们的好奇，让路人觉得这家店铺肯定是味道很好或者价格优惠，所以不管三七二十一，果断地加入队列中。

再如马路上如果发生一起交通事故，来往的骑行者会有相当一批选择停下自行车，接着伸头看看到底出了什么事故，结果把事故中心堵得水泄不通，连救护车来了都开不进去。

还有一个笑话，有一个小伙子一直抬着头看天，路人不知道他到底在看些什么，于是都驻足抬头看天。当停下脚步的人越来越多时，有人终于忍不住去问那个小伙子到底天上有什么，只听小伙子说："我只是刚刚鼻子流血了。"

你看，从众效应是不是无处不在？还有你更想不到的，从众效应甚至能让肥胖变成"传染病"。

近100年来，科技解放了人类的双手，大大提高了生产效率。在世界上的许多国家和地区，食物供给的充足程度是100年前的数倍不止。但饥饿问题解决之后，肥胖又成了一个摆在人类面前的新问题。它不仅在视觉上让人变得体态肥胖，而且还会带来很多的心血管疾病，目前心血管疾病在人类致死率的排名上已经超过了癌症，位居第一。

是的，肥胖是一种病，但你可能不知道，根据哈佛医学院克里斯塔斯基与加州大学圣地亚哥分校的福勒博士的研究发现，肥胖居然还是一种"传染病"！

这两位博士研究了弗雷明汉心脏研究所近32年的数据，覆盖了美国马萨诸塞州1.2万人。在追踪体重变化与社会的关系时，克里斯塔斯基与福勒得出结论：肥胖真的会像传染病一样，能在家庭内部甚至亲朋好友之间传播。

数据显示：假如一个人身边有一个人超重了，那么此人变胖的概率将会增加1.71倍。从家庭关系来看，如果一个女性的姐妹是肥胖者，那么她自己变胖的概率会增加67%；相比之下，男性上升幅度没女性那么大，不过一旦他的兄弟有增肥的趋势，那么他也有45%的可能性会变胖。

难道肥胖是细菌或者病毒引起的吗？显然不是。肥胖的本质是热量摄入过多而耗散不够，肥胖也是熵增的一种体现。但为什么身边有肥胖者，就会让你吃得更多，又能导致你运动更少呢？

请试想这样的画面。如果在办公室里，你周围有两个甚至更多的人提议要拼团下午茶，还是带奶盖的那种，除非你的意志力、自控力特别强，否则，你极有可能也会跟着来一杯。

请你再试想另一个画面。你是一个在校大学生，早上醒来，你好不容易说服自己要在冬天的清晨迎着寒风进行一次晨跑，而当你在叫醒3个舍友，履行昨晚你们共同制订的这项计划时，他们都睡眼蒙眬，然后嘟囔着说今天不想去了，让你也歇歇吧。还说明天早上没课，四人跑完步一起去吃锅贴，这个想法多棒。你想想也对，于是犹豫着躺下，很快就又睡着了。

在以上两个场景中，无论是同事提议你也来一杯奶盖奶茶还是3个偷懒的室友提议明天再晨跑，都是B=MAT当中的T。而且触发者还不止一个人，所以你抵御住了一次触发，但还会有下一次。几次之后，从众效应就开始发挥作用了，而你们办公室里也就会多上几个快乐的、爱喝奶盖奶茶的肥胖者；这个寝室也会成为一个“明日复明日，明日何其多”，却很少会去进行一次晨跑的寝室。

当然，上面说的这些现象都是从众效应造成的不良效果，人们因被触发而纷纷仿效别人，有些落入了商家的营销套路中；有些火急火燎地替别人操心；有些因好奇浪费了自己的时间；又有些被“传染”，自己也变成了一个肥胖者或者缺乏行动力的人。但是请注意，从众效应只要运用得当，也是可以使人奋进的，而且还能产生非常好的效果，比如利用从众效应克服恐惧。

很多孩子都有恐狗症，这种心理恐惧可能和早年的经历有关。比如曾经因逗狗而被狗咬伤过，因而“一朝被蛇咬，十年怕井绳”。但你是否相信从众效应能帮助孩子克服对狗的恐惧呢？

心理学家艾伯特·班杜拉是深谙此道的高手，他的治疗手段之一便是通过一套简单有效的方法，让孩子不再对狗产生畏惧。你肯定很好奇，他到底是怎么做的呢？

针对恐狗症儿童，班杜拉会邀请孩子远远地观察一个和患儿年龄相仿的小孩儿和一条狗，正在非常快乐地玩耍。仅仅4天时间，超过三分之二的患儿会一改之前见狗色变的情况，甚至可以和一条狗真正地开始互动。更有意思的是，当要离开时，他们还会表现出依依不舍的神情。

通过实验还发现，这些接受了“观看疗法”的患儿，即使在治疗结束的1个月之后，也并未回到害怕狗的状态，反而更愿意和狗做朋友。

显然，在心理学家班杜拉的治疗手法中，起关键作用的正是患儿看到了和自己年龄相仿的孩子完全不害怕狗，这种“替代性经验”，即看到了与自己相似的人能成功做成一件自己恐惧的事情，则发挥从众效应的正向作用，它能帮助患儿战胜内心的恐惧，让他的内心深处产生自我认同：别人可以，自己为什么不可以？

而且更有趣的是，为了帮助患儿克服恐惧，不必让患儿观看一个孩子和一条狗玩耍的真实场面，只要播放一段事先录好的视频，让患儿观看20分钟，也可以达到相同的效果。如果给患儿看更多孩子和不同的狗互动的场景，随着孩子数量的增加，患儿恐狗症的治愈率也会提高。

试着回想一下，你是不是也经历了某些恐惧时刻、焦虑时刻，同伴之间互相鼓劲打气，使用从众效应让你斗志昂扬、不畏恐惧、不畏困难呢？

从众效应在帮助孩子克服恐惧的领域中作用很大。除此之外，许多团体、组织，也能使用从众效应来帮助他们实现目标。

对抗系统外部的熵增

你可能还听过一个理论，叫作破窗效应。这个概念是由美国犯罪学家乔治·凯琳和政治学家詹姆士·威尔逊在1982年3月的《亚特兰大月刊》上提出的。

破窗效应说的是如果有人打破了一幢房子的窗户，那么接下来极有可能会出现更多的窗户被破坏，直到最终他人闯进建筑中；而且一旦发现建筑里没人，破坏分子甚至还会在其中定居或者纵火。

同样地，一些城市在进行垃圾分类后，小区里的垃圾桶每天从早上10点到下午6点通常为封闭期，只要垃圾桶门口有一个装满湿垃圾的垃圾袋，就必然会出现第2个，第3个……很快就垃圾成山，苍蝇乱舞。而在一家公司，如果明文规定早上9点必须签到打卡，但有人迟到却没有人管，其他人一看，原来这样也行。那么可以预想，接下来一定会有更多人迟到的现象，纪律松散以致公司经营出现困难。

破窗效应从本质上来说，相当于迭加了时间维度的从众效应——因为看到有人率先违反了规则而并未受到惩罚，这种混乱的情况就会导致更多的混乱，相当于有外力做了负功，让系统里的熵增越来越多。

那么，面对这种来自系统外部的熵增，应该如何解决呢？

1994年，纽约市交通警察局局长布拉顿在这方面作出了很好的示范。在此之前，纽约地铁不仅以脏乱差闻名，而且犯罪率居高不下。统计发现，在地铁逃票的人中，有14.2%的人是通缉犯，5%甚至是武器携带者。布拉顿局长上任后，并没有头痛医头、脚痛医脚地去打击犯罪，而是从地铁整洁程度的角度进行治理，重点追查逃票。

经过一段时间的努力，无论是车厢、站台、街道，甚至整个街区都变得整洁了，而且犯罪率也开始大幅下降，最后整个纽约市也成了全美治理最出色的城市之一。

为了防止迭加了时间维度的从众效应——破窗效应，国内著名商业咨询顾问刘润老师给出了三个方法。

第一，立即处理。比如一旦发现公司员工9点后才打卡签到或者垃圾箱门口有人偷偷乱扔湿垃圾，必须立即采取措施；否则不良现象不仅会蔓延，还会让守规矩的人感觉吃亏。

第二，绝不包容。如果你是团队领导，昨天刚宣布早上9点后到达会议室的人要在微信群里发一个50元红包，偏偏平时做事认真的小明因汽车故障迟到了，你怎么办？对不起，让他照发不误，但事后你可以自己发一个50元红包给他，并跟他讲明原因。

第三，小题大做。对于触碰底线，甚至可能产生极大影响的“小事”，绝对不能睁一只眼，闭一只眼，甚至要小题大做。比如某知名互联网公司利用公司流量为私人项目做流量变现，赚了不到1000元。虽然数额不大，但公司的这扇“窗户”绝不能破。

破窗效应是一种对错误行为的从众效应，当第一扇窗户被打破后，从众效应就开始悄悄地发挥作用，只有在第一时间使用以上三种方法，才能尽可能防止外力做负功，引发熵增。

Part 第五章 05

熵减法则：路径依赖效应

你知道火箭推进器的宽度为什么是4英尺8英寸半（约1.4米）这种有零有整的尺寸吗？因为火箭推进器无论是体积还是重量，在不得不依靠铁路来进行运输的时代，为了达到最大化运输效率的同时顾及运输安全（毕竟长距离铁路运输风险很大），推进器的尺寸就和铁轨尺寸一样了。

那铁轨的尺寸又是从哪儿来的呢？1825年9月27日，世界上第一条铁路，英国的斯托克顿－达林顿铁路正式通车，这条铁轨的宽度为4英尺8英寸半，它匹配的是轨道上火车车厢两个车轮间的宽度。

你肯定又会好奇了，那火车车厢两个车轮之间的宽度对标的又是什么呢？是的，答案是马车。英国曾经在历史上多次被罗马人入侵，所以英国马车的宽度沿用的是2000多年前古罗马战车的尺寸；而古罗马战车的尺寸之所以为4英尺8英寸半，是因为当时拉战车的马通常为两匹，两匹马屁股的宽度叠加在一起，尺寸恰好是4英尺8英寸半。

所以，今天用来探索太空的高科技火箭推进器，它的尺寸居然是由2000多年前两匹马的屁股宽度叠加来决定的。美国经济学家、历史学家，1993年诺贝尔经济学奖得主道格拉斯·诺斯把这种现象称为“路径依赖”。

第一节　以前怎样，以后还怎样

沉没成本带来的魔咒

路径依赖这个概念最初是由美国斯坦福大学教授保罗·戴维在1975年出版的《技术选择、创新和经济增长》一书里首次提出的，后来道格拉斯·诺斯博士在《经济史中的结构与变迁》一书里使用了这个概念，从而使路径依赖理论声名远播。诺斯教授的创新之处在于使用古典经济学与经济计量学来研究经济史问题，他将人类留下的制度变迁理论概括为三大理论基石：产权理论、国家理论和意识形态理论。这三大理论基石对有效产权、国家的存在对经济增长的作用以及如何克服经纪人机会主义行为，比如“搭便车”等经济现象，进行了深刻诠释。

使路径依赖效应声名远扬的道格拉斯·诺斯认为：历史是重要的，其重要性不仅在向过去取经，而且由于现在和未来是通过社会制度的连续性与过去连接起来的，所以今天和明天的选择也都是由过去决定的。

从宏观上来讲，路径依赖认为人类社会中的制度变迁或者技术演进类似于物理学中的惯性，一旦进入了某一个路径，不论这个路径是好是坏，都可能对这种路径产生依赖性。

从微观上来讲，个人或者团队如果做了某种选择，也很容易走上一条“不归路”，惯性的力量会让这种选择不断强化，让个人或者团队轻易走不出去。

美国心理学家曾经用5只猴子做过一个实验。实验人员将一串香蕉挂在笼子正中间，一开始，只要有任何一只猴子向中间靠近，试图用手去拿香蕉，实验人员就会立刻用高压水枪去喷射所有的猴子，直到没有一只猴子再有勇气去动香蕉。

接着，实验人员用一只新猴子代替5只猴子中的一只，但新来的猴子不知道前面发生的事，所以会很本能地想要去拿香蕉。这时，这个举动会让另外4只猴子非常紧张，它们甚至会代替实验人员把这只“不懂规矩”的猴子暴揍一顿，直到它明白这个笼子里的香蕉是不能碰的为止。

然后，笼子里接受过高压水枪“洗礼”的猴子一只只被调换出来，最后笼子里的5只“全新”的猴子都不知道最初被高压水枪喷射的那一幕，但所有的猴子都很“懂规矩”，没有一只会去碰自己喜爱的香蕉。

其实，猴子一开始担心被实验人员做全员惩罚，不允许新猴子去碰香蕉是合理的，但后来就算高压水枪不再喷射，新猴子却依旧固守着“不得触碰香蕉”的规矩，这正是路径依赖的自我强化效应。

路径依赖之所以会产生是因为在这个原理背后存在着对于利益以及所付出成本的考虑。比如对于一个集体来说，当某一种制度形成后，就会形成一个既得利益团体，由于得益于当前的制度，他们就会对现行制度的继续保留有强烈的要求，因为只有不断地保留和强化目前的制度，该团体的后续利益才能持续地得到保障。因此，就算新制度的确可能带来更有效益的结果，但由于风险的存在，他们也不会轻易去改变。

而对个人来说也是如此。因为任何一种方法、技能的形成都伴随着精力、时间或资源的投入，所以就算哪天发现旧方法、旧技能已经不再适用，也不会轻易地放下或改变它，因为如此一来，前期的努力和付出就会化为乌有。

从本质上来说，以上过去的投入都是沉没成本的体现，即发生在以前，已经和当前决策无关的投入。可以说，沉没成本是路径依赖产生的主要原因。

从形成到失效的规律

路径依赖从形成到失效的过程分为三个阶段。

第一阶段：路径开拓时期。在路径开拓阶段，任何路径都从来没有被验证过，在这个阶段，我们总是可以看到“八仙过海”的情况。比如一个企业在创业初期，业务方向未必明朗，很可能是东一榔头西一棒子地看看自己到底可以做什么。

比如夏普现在主要是一个家电品牌，但你可能不知道，早川德次在1912年创立夏普时卖过活芯自动铅笔（Sharp Pencil），到了1924年才抓住机遇生产出了收音机，开始逐渐发展民用小家电，再后来发展电视机、空调等家电产品。

再如“蓝色巨人”IBM，你可能不知道在1911年刚成立时它是以钟表、秤和奶酪切片机为主要产品的供货商。

第二阶段：路径聚拢时期。在路径聚拢时期，人们逐渐发现集中做某几件事情效果不错，于是开始把诸如资金、人力、时间、精力等各种资源花在这几件效果还不错的事情上。这就相当于路径依赖的早期。

比如前几年，共享单车被认为是一种投资回报周期极短的新兴行业。正常情况下，一项投资可能需要两年的时间才能把资金回收，然后产生利润。但在共享单车的财务模型中，可能只要不到半年投资就能被收回了。

你一定很好奇，这个财务模型是怎么计算出来的呢？假设一辆共享单车的成本为1000元人民币，骑行1次需要付费1元，若每辆单车每天被骑行5～10次，那么一天的收入就是5～10元，半年就是900～1800元。加上运营人员的管理费用，那回收成本可不就是半年左右，甚至更短的时间吗？

不过，现在的你如果回过头再看这个财务模型，一定认为不靠谱，但当时共享单车势头正盛，有很多风险投资者把手上的真金白银交给这些创业公司，以致当时还流传过一句话："制约共享单车发展的其实是颜色不够用。"

第三阶段：路径失效时期。经济学原理告诉我们：需大于供，产品供不应求，瓶颈在生产；供大于求，产品滞销，瓶颈在销售。在短暂的供需不平衡中，过去的路径曾为企业或个人带来不错的回报。但一旦后来者变多，需求跟不上供应，再去依赖旧路径，路径失效就会发生。

比如当初某两家共享单车刚刚在街头巷尾崭露头角时，资本市场一直对这两家十分看好。但随着后来者越来越多，以及两家开始不计成本地大面积铺设单车，再到后来的单车红包大战，共享单车迅速变成了一片厮杀得"哀鸿遍野的红海"。

路径依赖的好处和反噬

路径该不该去依赖？我猜现在你的直觉一定认为不该，但在过去，我的回答是应该。

以前，路径依赖能让很多人依靠“一招鲜”生存好多年。我们经常会听到有些世家的独门手艺，这类手艺其实就是可以被反复依赖的路径，这些世家可以依赖这些独门手艺在社会协作中获得不错的收益；但现在，信息太容易被传播，创新的速度太快，路径可以被依赖的周期已经变得越来越短了。

纳西姆·塔勒布是纽约大学库朗数学研究所的研究员，也是畅销书《随机漫步的傻瓜》和《黑天鹅》的作者，他在《非对称风险》一书中，曾经引用过一项统计数据：一家典型大公司在20世纪入选标准普尔500指数的名单后，通常能驻足60年以上，而现在却只能停留10—15年。

类似的研究还有著名的管理经典《基业长青》一书，作者吉姆·柯林斯经过6年的商业研究后筛选出了18家被认为是卓越的公司，但仅仅5年时间，其中10家公司的表现都低于标准普尔500指数，而诸如爱立信、ABB、戴姆勒等曾经犹如今天的亚马逊、腾讯、脸书等公司，则早已被世间遗忘了。

为什么会这样呢？万维钢说，路径依赖能让你在老路上越走越得心应手，可是别人可以走新路。

前几年流行一个词语——“跨界打劫”，有时又被称为“降维打击”。还有一句很戏剧化的短语可以用来描述这个现象：我消灭你，与你无关。

比如2000年前后，1毛钱1条的短信是人们生活中日常通信的刚需，那时无论是春节拜年、情侣之间甜言蜜语或者职场上的简单沟通都离不开短信，各大电信公司在短信业务上可谓赚得盆满钵满。但当移动互联时代来临，腾讯的微信等免费通信软件出现后，人们很快就不用短信了，所以现在短信大多是商家派发营销信息的入口或者用户收取验证码的通道。

又比如杀毒软件，以前瑞星、金山、卡巴斯基等都是杀毒软件中的翘楚。但360推出了免费的杀毒软件，很多人都会很困惑，把收费的杀毒软件免费做了，企业怎么赚钱呢？答案是使用免费杀毒软件的用户增多后，360占据了桌面PC端的开机入口，占据了大量流量。于是“羊毛出在猪身上，狗来买单”的模式就跑通了，依靠广告商成为收入来源的模式彻底让曾经依赖杀毒软件收费路径的“翘楚们”消失在茫茫商海中。

个人路径依赖的反噬则更加明显。为什么我们在同学聚会上会发现以前班级里的有些学霸“小时了了，大未必佳”呢？因为以前只要懂得埋头努力学习就可以了，但依赖着这条单一路径，有的学霸很难在职场上通过沟通、谈判来完成项目，做跨部门沟通，做向上管理；而那些以前成绩中不溜的同学可能早就在班级里刻意练习了沟通技能，为以后的社会协作打牢基础了。

因此，杭州市天长小学的周武老师归纳出了“第十名效应”，即成绩中等的学生（第十名左右），可能有着难以想象的才能，更能在未来的事业中崭露头角。这个效应在社会上引起了强烈的反响。

第二节　打破路径依赖

流传至今的“QWERTY”键盘布局

理解了路径依赖效应，再来看看现代人每天都离不开的键盘。我们现在使用的键盘左上角的字母从左往右依次是Q、W、E、R、T、Y……很多人刚学打字的时候会觉得很奇怪，为什么26个字母是乱序排列的？为什么不能好好地从A、B、C开始一直排列到X、Y、Z结束呢？

现代键盘的布局依赖的路径是以前机械打字机的布局。1808年7月24日，初代打字机由佩莱里尼·图里在意大利发明，图里发明打字机的目的是希望帮助自己失明的女朋友，不过这台初代打字机后来失传了，幸好使用这台打字机打出的信件保存在意大利勒佐市的档案馆里，成了重要的史料。

而第一台真正实用的打字机是由美国人克里斯托弗·肖尔斯在19世纪60年代发明的，之后经过肖尔斯合作者约斯特的改良。1874年，打字机这个能替代手写的新生事物很快风靡欧洲，形成了打字机制造工业。

在打字机改良的过程中，肖尔斯发现打字员在作业时总是会发生故障，主要原因在于经常使用的字母字杆会因常用字母打字速度过快而卡在一块儿。他们想出了一个解决方案，那就是把常用字母分开，从而“在不会卡死的情况下尽量提高打字速度”，于是“QWERTY”这种字母分布很奇怪的键盘布局就产生了。

1888年，为了鼓励打字员提高效率，全美举办了奖金高达500美元（购买力大约相当于现在的1.5万美元）的打字比赛，一位名叫马加林的法院速记员展示了他行云流水般的盲打技术，且错误率只有万分之三。从那以后，盲打和高效打字成了潮流。

为了让效率更高，1934年，华盛顿有一位名叫德沃拉克的打字机研究者对键盘的布局做了优化，德沃拉克优化键盘主要有以下三个原则：

第一，尽可能让左、右手配合。

第二，使手指需要移动的距离尽可能变短。

第三，导键（即左手手指初始摆放在A、S、D、F以及右手手指初始摆放在J、K、L位置）尽可能安排高频字母。

之后还有一位研究者理连·莫尔特，他发明的莫尔特键盘布局使大拇指有了更大的用武之地。然而，正是因为路径依赖的存在，无论是德沃拉克键盘还是莫尔特键盘，虽然的确能让我们打字的效率更高，但并没有被广泛地推广开来。

其中主要的原因在于打字员在当时是一个重要的工作岗位，但大多企业的打字机配置又都是“QWERTY”键盘，所以不太可能去雇用只会其他键盘指法的打字员。这就让打字员没有动力去刻意练习主流“QWERTY”键盘之外的指法。

其实这个情况放到如今就更是如此，大多数的电脑键盘、笔记本电脑键盘基本都是“QWERTY”的布局，部分厂商只是把一个小小的Fn键（Function功能）稍稍挪动一点儿位置都会让用户感觉很不习惯，更不用说重新布局键盘上的26个字母了。

所以，尽管后来出现的诸如德沃拉克键盘和莫尔特键盘的确更高效，而且现代计算机键盘也早已不存在卡壳的问题，甚至研究还发现“QWERTY”键盘效率并不高，它让左手负担了57%，让没什么力气的小指、无名指频频出工，使得排在“C位”地带的字母只有30%的利用率，但“QWERTY”却依旧是主流的键盘布局。

另外，北京大学国家发展研究院BiMBA商学院院长陈春花教授也曾提到过人类商业史上打破路径依赖，5次重新定义电脑，从而让企业克服熵增，实现降维打击的经典案例。

最早的苹果电脑由乔布斯和沃兹于1975年6月29日完成开发。它更像一台打字机，尽管电脑的主板内存只有8KB，最大也只能扩展到32KB，售价却高达666.66美元，甚至消费者还得自己额外配备键盘、显示器才能使用，但Apple I开创了人类电脑的先河。虽然苹果电脑被定位为专业、不兼容的机器，但它仍旧是当时的行业领导者。目前，一台Apple I电脑会被收藏家以高价收购，曾在2014年达到90.5万美元的最高价。

1981年8月12日，IBM打破了苹果电脑的路径依赖，推出IBM5150机型，并且在新闻稿中把5150型电脑描述成“专为商业、学校和家庭设计，系统易于使用”。这种面向商业的机型售价为1565美元，不仅为兼容机，而且还随机器附送一本详细的技术参考手册，以使任何一个普通消费者都可以“在数小时内学会使用电脑”。尽管技术细节的泄露会让竞争对手模仿，比如哥伦比亚数据产品公司就在1982年推出了5150机型的复制款MPC16001，但也正因如此，IBM成了别人路径依赖的对象，IBM的标准成了行业统一标准，并且在世界范围内被快速推广。

第二个重新定义电脑的是康柏电脑。康柏电脑的3位创始人罗德·肯尼恩、吉米·哈里斯和比尔·莫顿本来是全球知名半导体公司的员工，他们认为电脑也可以面向个人，所以在1983年3月，康柏电脑推出了兼具兼容性与便携性、售价为3590美元的个人电脑，且很快获得了市场的认可，在第一年就卖出了53000台，获得了接近2亿美元的销售收入。1987年，康柏电脑还推出了第一台采用英特尔公司X86系列的第一种32位处理器的80386PC机。

不得不说，20世纪后半叶的确是美国一个创新不断的时代，戴尔电脑再次摆脱路径依赖，成了第三个重新定义电脑的产品，戴尔认为电脑不仅仅是一台机器，而且还应该具有个性化。1991年，戴尔公司销售额一举突破8亿美元，次年更是增长2.5倍，达到了20亿美元。

第四位上场的“重新定义者”不再是美国的公司，而是中国的联想。联想认为，个人电脑既然是个人消费品，就应该让消费者更容易购买到。所以联想开始在渠道上发力，设法构建出一张规模优势和成本优势兼具的渠道网络。

三十年河东，三十年河西，二十世纪七八十年代活跃的苹果电脑在大约30年后再次接棒。2007年，苹果公司推出iPhone，2010年又推出iPad。苹果公司抓住了移动的概念，又把个人电脑定义为人们可以随身携带和使用的“娱乐时尚用品”，让苹果公司再次跻身世界领先公司的行列。

打破路径依赖，实现业绩增长

除了电脑公司，还有一些公司也依靠打破路径依赖获得空前成功。你一定听过摩尔定律，它是指在价格不发生变化的情况下，集成电路（芯片）上可容纳的元器件的数量，每隔18～24个月就会增加一倍，伴随而来的性能也会提升一倍。

摩尔定律的提出者是英特尔（Intel）公司的创始人之一戈登·摩尔。他和英特尔公司的前CEO安迪·格鲁夫有一个著名的企业故事。

20世纪80年代，美国经济一度衰退，彼时，在日本低价存储芯片的冲击下，英特尔的经营已经陷入前所未有的困难局面。存储器是英特尔自1968年成立以来的核心业务，面对此时的窘况，陷入焦虑的两人在办公室里讨论英特尔的战略方向。当时格鲁夫说了一句后来被无数人引用的话："如果我们两个人被董事会解雇了，他们招来一个新的CEO，你觉得他做的第一件事情是什么？"

摩尔立刻回答："他会退出存储器业务。"格鲁夫看着摩尔说："那我们为什么不假设自己现在已经离开英特尔又回来了，我们自己为什么不这样做呢？"

于是，英特尔开始全面打破存储器的路径依赖，转型专注做芯片。后来就有了现在众所周知的386、486、586、奔腾、赛扬、i3、i5、i7系列芯片，还有经典的"等灯等灯，Intel Inside"广告。

西南航空是一家连续盈利超过40年的公司，哪怕受2001年"9·11"事件或者2008年全球金融危机的影响都还在盈利。

西南航空之所以如此神奇，是因为它也打破了传统航空业的路径依赖，独树一帜，成为“廉价航空”的鼻祖。为了让所有的运营策略都与“廉价航空”战略保持一致，西南航空采取了下面的一个心法和四个技法。

一个心法，聚焦错位竞争，专注明确定位：创始人赫伯・凯勒赫曾经说：“西南航空是空中的公交车，我们的对手是陆路交通，我们要聚焦高速公路上的客流，让他们选择乘坐我们的飞机。”

技法一，集结直流客源，提高上座效率。客流量较小的城市之间不通航，而是只和较大的枢纽机场通航。

技法二，安排高频航班，客流随时上机。为了让原本打算选择陆路交通的客流选择西南航空，管理层安排了极为密集的航班频次，甚至可以1个小时内就安排至少一次飞机起飞。

技法三，聚焦节省成本，只买省油机型。波音737不仅可以节约燃料，而且对于公司的员工来说，他们也只需要学习一种机型，能够大大降低培训的成本。

技法四，无视各种“行规”，一切只为省钱。西南航空的省钱创举让其他航空公司视为离经叛道：

1.没有机票，用可重复使用的塑料牌当登机牌，而且座位不固定，乘客可以随便就坐。

2.既然是“空中的公交车”，不设头等舱，没有公务舱，只为能多载几名乘客。

3. 不提供别家航空公司都有的空中饮食，顶多提供点儿花生或者饮料。这项举措目前已被亚航、春秋航空仿效。

操作猛如虎，业绩自然不能低。在全面推行以上心法、技法的情况下，西南航空建立了以低成本为核心竞争力的护城河，保持了连续盈利纪录，成了航空业的常青树。

服装业是一个非常古老的行业，而现代服装业虽然产能得到了巨大的提升，但由于运营、设计、销售环节相互独立，部门与部门之间缺乏沟通，因而只要有一两个服装款式卖得不好，就会产生大量的库存积压，占用企业现金流。

除了库存问题，另一个问题也是困扰传统服装业的通病。在传统企业金字塔组织架构中，高层领导或董事会负责战略方向；中层各部门总监、经理拆解战略，落实到日常战术中；而基层主管或普通员工则负责日常执行。这种管理结构的问题在业绩很好的情况下自然一切都好，所有人都有功劳；但倘若业绩不佳，则很难分清楚到底是谁的责任。而且员工基本都是一个萝卜一个坑，每天都是做一颗按部就班的螺丝钉，所以很容易出现职业倦怠，没有什么成就感。

那么连续7年全网销量领先的韩都衣舍，是怎样打破上述这种组织结构的路径依赖的呢？

创始人赵迎光进行了组织创新。他把原来负责产品研发、销售和采购的三大部门完全打碎，重新成立3人一组的别动队，一个美工、一个运营、一个商务，这个小组同时具备原来组织三大核心部门职能，而且还拥有各种自主权力，诸如主打哪种款式、预留多少库存以及如何定价，等等。

而公司相当于变成了平台支持，小组作为“听得见炮火”的前线人员独立做决策，然后根据一定的利益分配规则来分成。除了决策灵活以外，这种打破路径依赖的组织创新还有三大好处。

第一，解决库存。由于小组的采购必然不可能在某一个品类款式上一次进很多货，所以生产什么款式的服装最终由销售来决定。这种销定产的模式让韩都衣舍的当季售罄率高达95%，库存基本被消化。

第二，即时激励。公司由成百上千个小组组成，每天都会根据销售情况进行小组排名，所有成员都能随时看到自己处于什么水平，在最大程度上形成精神激励。

第三，能者上位。小组奖金的决定权在组长手上，而员工如果对分配结果不满也可以自己组建团队。这就让组长在如履薄冰的心态下倒逼自己成长，而且就算组长不断被抛弃也没有关系，因为还有源源不断的新人让他带，这样也相当于变相为企业提供了在职培训。

自我改变的三大法则

企业打破路径依赖取得了业绩，那么个人是否也能通过摆脱路径依赖实现个人转型，登上人生巅峰呢？

许多人在大学毕业时选择的第一份工作都会比较盲目，由于社会经验不足以及对自己的了解不深刻，绝大多数人看到周围的同学都找到工作了，就会开始焦虑，然后就赶紧通过校招、面试或亲朋好友的介绍而进入一家企业，开启了自己的职业生涯。

一开始接触到的许多内容都是全新的，这就仿佛将一杯冰块放到了一个常温的房间，冰块迅速地吸收着房间给它传递的热量。在这第一份工作的企业中，他会学习得很快，可能不到两年就成了资深员工，3—5年就升职为主管、经理。

但接下来就开始一条漫漫长路，这个人会陷入舒适区，思想也会陷入路径依赖。此时，以前每天都有新东西学变成了日复一日的劳动；朝九晚五的规律生活也让人失去了奋斗的动力。最初的那杯冰块，现在也像房间里无数个其他的杯子一样，变成了一杯平淡无奇的凉水，路径依赖让人开始产生职业倦怠。

大多数人都会经历这个过程，所以个人如果想要有所成就，也要设法摆脱路径依赖，实现个人转型。怎么转？分为三步。

首先，要找到自己的人生目标，或者至少是自己心之向往的方向。个人的路径依赖往往是因为失去了一个人本身的内在动力，而内在动力的缺失又是因为他始终找不到自己的人生目标。

特斯拉创始人埃隆・马斯克会路径依赖吗？一定不会，因为他的人生目标是把人类送往火星；罗振宇会路径依赖吗？也不会，因为他想为人们建造一所终身大学；樊登读书的樊登呢？大概也不会，因为他的目标是带动中国3亿人一起阅读。

因此，当你也有了一个明确的人生目标之后，你也能离开依赖已久的路径。

其次，尝试最小闭环，找到全新路径。什么叫最小闭环？它是让个人在原本的封闭系统中突破原有路径，走一条岔道看看，如果这条岔道不合适，就立刻拐回来，这样也没什么损失；但如果这条岔道和个人的人生目标一致，那就可以开始投入行动，从而获得反馈。

比如很多人都喜欢看电影，他们想要投身电影业、娱乐业却苦于没有机会。看电影以前只是一项消费或娱乐活动，但现在移动互联网发达，电影也越来越多了，普通人挑花了眼，都不知道看哪部好。于是就有人开始把一部90—120分钟的电影，通过剪辑和浓缩的方式变成7—10分钟，加上自己有趣的解说，大大减少了人们看一部影片的时间，让人看完解说后再决定是否要去看正片。

这项服务显然是有价值的，同时提供服务的解说者也能通过这种方式积累自己的粉丝，通过广告植入等方式实现粉丝变现。这样他就走出了一条结合自己的兴趣和给他带来收入的全新路径。

最后，持续做功，等待复利的回报。无论是怎样的全新路径，一开始自己在这条路径上所需要的能力必然是欠缺的，所以一位初入门的电影爱好者花了一个周末剪辑出来的影片可能都不如一个老手两个小时的水平。

但能力是可以依靠持续做功、刻意练习去不停修炼的。拿我自己来说，一开始写作的时候，我一个礼拜只能写出大约500字的文章，发布在各平台上的阅读量也非常少，连两位数都很难达到。但我后来每天早上5点起床后固定写上500字练手，每周训练，现在一天不仅能写下5000多字，而且经常可以写出点击阅读量10万以上，甚至几十万的爆文，目前已累计出版了4本著作。

所以，个人打破路径依赖，实现成功转型的关键是要找到人生目标、心之向往；尝试最小闭环，找到全新路径；并且持续做功，等待复利的回报。

Part 第六章 06

熵减法则：心流

我们在第一章中讲过精神负熵，也就是心流。这一章，我们就来重点讲讲能帮助你减轻脑力负担，达到最优体验，并帮助你持续产生动力、轻易克服熵增做功、进入物我两忘境界的心流。

第一节　自我意识的最佳体验

最优成长体验

你是否曾经玩游戏玩到废寝忘食，你有没有在某些考试中觉得考试时间过得特别快；又或者你在刚刚学会骑自行车的时候，当你双手把着车把、双腿轮流用力，仅仅让两个轮子带着你不断前进的时候，这种在专注进行某个行为时的状态让你感觉特别好。是的，这就是心流。

心流的提出者米哈里·契克森米哈赖于1934年9月29日出生于南斯拉夫，是积极心理学的奠基人之一。1956年，22岁的米哈里移民美国，就读于芝加哥大学。4年后，米哈里获得学士学位，并于1965年获得博士学位；1990年，米哈里出版《心流：最优体验心理学》，提出了“心流”理论。这本著作被翻译成30多种文字，影响了世界范围内成千上万的读者和研究者。米哈里的著作还有《创造力》《自我的进化》等，他在专业期刊上发表了200多篇论文，对积极心理学的研究和发展产生了巨大作用。

为了评估每个人的主观体验，分析幸福的感觉和成因，米哈里教授用25年时间带领芝加哥大学的研究小组以及后来遍布世界各地的同事，访问了包括艺术家、运动员、音乐家、外科医生等各行各业的专业人士。研究结果表明，不论是底层劳动人民还是富裕的精英分子，谈起这些最优体验的时候，用词基本上是一致的。

为了使数据精确，米哈里团队让每位受试者佩戴一个电子呼叫器，以7天为一个周期，每天8次不定时地通过无线电发射控制器向被试者发送信号，让他们流水账式地记录被呼叫时的感觉或者心情。通过研究超过10万份类似的数据，米哈里发现了最优体验结果。

但“心流”（Flow）这个词汇并非米哈里团队的原创，而是许多受试者在描述自己的体验时共同使用的词汇——“一股洪流带着我”。于是，心流这个概念就诞生了，成了人们改善生活品质、提高效率的一种目标状态。

有心流体验的人会把它描述成“好像漂浮起来”，又或者“一股洪流带领着我”，当一个人在心流状态时，就会有一种特别充实的感觉，他的精神会完全专注于当下所从事的活动中，这和马斯洛所说的高峰体验很像。当一个人处于心流状态时，很有可能会出现以下四种特征。

第一，时光飞逝。处于心流状态中的人会觉得时光呼啸而过，似乎前一刻才刚刚开始，一眨眼就结束了。

第二，不觉他物。会一门心思地专注在某件事情上，以至于听不见旁边有人喊他，甚至可能忘记饭点。

第三，自动运转。一切好似行云流水，身体会自动自发地做出最合适的反应，根本不需要大脑刻意去操控。

第四，感到愉悦。在做完这件事情后，会有一种充实感、成就感和满足感包裹着他，内心会充满正向的情绪。

的确，在现实生活中，很多人都会进入心流状态。比如一个钢琴演奏者坐在长凳上，自然舒缓地演奏一曲自己刚刚练成的乐曲；或者一个书法爱好者对着王羲之的字帖，写出一个个漂亮的字。当他们沉浸在演奏和运笔的过程中时，会觉得时间仿佛绵长的流水，穿过身体，无声无息又飞快流逝，在这种酣畅淋漓的最优体验中，他们的注意力已经完全集中、聚焦在此时此刻。

心流是一种让人很享受的状态，但很享受的状态就一定要追求吗？刷短视频享受吗？追剧、玩游戏是不是也很享受？但我们为什么不去追求那些，却对这种叫作“心流”的状态乐此不疲呢？

因为心流不仅给人以一种享受的感觉，而且心流状态还能帮助一个人成为更优秀的自己。

评判一件事情是否值得去做有两把标尺：第一把标尺是这件事情是否能在心智、情感层面，或者身体、物质层面给人以满足，比如吃一块巧克力蛋糕就会让人觉得很满足；另一把标尺是这项收益随着时间的推移，它的衰减速度是快还是慢，比如学会骑车，这项技能会伴随一生，但如果只是吃一块炸鸡，可能5分钟后满足感就消失了。

既然是两个维度，那么任何事情就都可以分为四个象限。

第一象限，高收益—半衰期短。刷短视频、追剧、玩游戏就属于第一象限，我们虽然在玩游戏的时候觉得很享受，但玩过后就会觉得时间被浪费了，有些人还可能会有负罪感。

第二象限，低收益—半衰期短。位于第二象限的事情通常都是最无用的事情，比如漫无目的地在阳台上发呆，在街上闲逛，或者和一个不相干的人进行一场尬聊。

第三象限，高收益—半衰期长。这个象限的事情通常做的时候不仅很爽，而且长期收获也很大，比如谈一场触及灵魂并以携手到老为目的的恋爱；或者听一场行业大咖的演讲，领悟了之前在工作中突破不了的瓶颈。

第四象限，低收益—半衰期长。在这个象限里做功通常会很辛苦，但如果能循序渐进，就会逐渐得到收益。比如，每天健身半小时，半年后变瘦变美；每天写作500字，1年下来就是18万字的输出。

在上面这些象限中，少做第一象限的事情是很明显的事实。很多人以为我们要多去做第三象限的事情。这个想法的确不错，但第三象限的事情其实并不多或者经济成本比较高，而且因为做这些事情本身就能获得自然的享受，因此并不需要花太多精力。

真正能产生长期帮助，让我们克服熵增做功的事情其实属于第四象限。如果能在第四象限做事的同时还能进入心流，那么我们在这个象限驻足的时间就一定比其他人更久，我们能获得的成就也会超过大多数人。

心流产生的五大路径

米哈里·契克森米哈赖博士研究发现，进入心流状态，主要有专注、明确目标、及时反馈、挑战水平与技巧水平有效组合、让忧虑感消失五大途径。这些途径不需要同时具备才能产生心流，有时可能是几个的组合，有时甚至只需要具备一项就足以使人进入心流状态了。下面，就让我们来看看这五大途径是如何让人进入心流状态的。

第一，专注。你有学习烧菜的经历吗？当你打开短视频上的美食烹饪步骤，按照美食博主的采购清单准备好食材和调料后，一边不断地重播短视频，一边按照先后顺序把食用油、食材，以及酱油、蚝油、糖等作料依次倒入锅中，再用炒菜铲反复让食材受热均匀的时候，你的注意力就高度集中在当下正在进行的学习烹饪这件事情上。

尤其当你是第一次模仿着烧出这道菜时，你的意识使用率很可能会达到当天的顶点。此时，你会发现烧菜的时间过得飞快，因为你已经进入了专注所带给你的心流状态。

什么是意识使用率？意识使用率是大脑在某一件事情上使用“大脑带宽”的百分比，衡量的是你在这件事情上的专注程度。根据脑科学的研究，大脑的带宽是有限的。根据估算，大脑1秒钟顶多只能处理126比特的信息，而这仅仅是接收语音信息，比如设法听懂别人在说些什么，可能就要占据40比特，更不用说我们通常在面对面交流时，还需要接收他人的肢体语言和面部表情等非语言信息。

因此，一个非常直观的感受是如果有几个人同时在和你说话时，这种复杂的信息输入会瞬间大于你的大脑接收信息的最大带宽，以至于你不得不要求其他人都停下来，先听某一个人到底在说些什么。

而当你把大量的意识使用率都投入某一件具体的事情上时，

比如当你为了原封不动地复制烹饪一道美味的菜肴，开始一遍遍反复地观察并做出行动模仿的时候，你的意识使用率会被大部分占据。周围的信息会被你自动屏蔽，此时，你就进入了心无旁骛、一心钻研的境界。

那么问题来了，这种状态会不会被其他事情打断呢？

答案是会的。比如此时领导突然发来一条微信信息，或者一个有趣的新闻链接突然弹出来，都能强行在126比特的带宽中占据一席之地，而如果插进来的这件事情很紧急，抑或新闻的标题足够引起你的好奇，你的专注状态就被打破了。

因此，专注的状态是无价的，无论是学习烹饪，还是阅读书籍，尤其是在手机上阅读电子书时，若临时性地把网络关闭，让自己暂时处于可以相对不被打扰的专注状态，将更有利于进入心流状态。

第二，明确目标。2018年8月31日，美国纪录片《徒手攀岩》上映后刷爆朋友圈，在豆瓣上也留下了13多万人评论、8.9分的高分，并获得了2019年的奥斯卡最佳纪录片奖。

这部纪录片讲述的是一位名叫亚历克斯·霍诺德的小伙子，徒手爬上全球最大的单体花岗岩——高达914米酋长岩的过程。所谓徒手攀岩，就是在没有任何保护措施和任何辅助工具的情况下，凭借肉身不断攀登，直到到达目的地。攀登的整个过程需要数小时，而且在有些关键点，亚历克斯·霍诺德只能用手指抓住几厘米大小的岩石凸起往上爬。整个过程惊险无比，一不小心，身体就会变成自由落体，当场粉身碎骨。

但作为攀岩专家，亚历克斯·霍诺德却说出了让人十分意外的话："徒手攀岩的风险很低，只是后果很严重。"这让你想到什么呢？是不是和"乘飞机的风险很低，只是后果很严重"一模一样？

后果严重容易理解，可是，风险很低是怎么做到的呢？

亚历克斯·霍诺德的回答是："只要好好练习就可以了。"

这次"好好练习"持续了多久呢？不是几周、几个月，也不是一年、两年，而是八年。

是的，在整整八年的时间里，为了达成"低风险徒手攀岩至酋长岩顶部"这个明确的目标，亚历克斯·霍诺德在不同的条件下，平均每年带着绳子来完成攀登酋长岩七八次，而且每次一结束就立刻把刚才在攀登时遇到的问题都记录下来，然后思考如何借用沿途任何一个微小的凸起，或者如何改变自己的行进路线去优化和进一步降低风险。

最终，就如同提前安排好的剧本那样，亚历克斯·霍诺德的目标顺利达成了。

亚历克斯·霍诺德这八年的每次练习都是克服重力做功、克服熵增做功，而他每次从岩底攀上岩顶的过程，也必然都是聚焦于明确目标、沉浸在心流状态的过程。

攀岩登顶可以是明确的目标，个人成长中的里程碑也同样可以是明确的目标。

比如，对于一个想要考过英语六级的大学生来说，每天使用学习软件来背诵单词，可以让他在此过程中进入心流；而对于希望完成每天50个客户去电的电话销售，又或者每周紧盯完成家长群课程报名转化10人的社群运营来说，他们也都更容易在工作的过程中进入心流。

第三，及时反馈。为什么网络游戏很容易让人进入心流状态呢？因为你每杀死一个怪物，经验值立刻就会涨上去，而且怪物也可能会爆出一些任务材料甚至极品装备。正是这种及时反馈让玩家在游戏中乐此不疲、欲罢不能。

心理学家斯金纳曾经用他发明的斯金纳箱做过一个实验。他把一只饥饿的小白鼠放进这个箱子中，小白鼠如果无意间按到一块实验人员提前设置好的金属小板，箱子就会投递给它一小份食物。这个及时反馈让小白鼠感知到“行为”和“食物”之间是存在内在联系的，于是它很快就学会了通过按金属小板来让自己获得食物。为了进一步验证猜想，斯金纳调整了设置，当小白鼠再按金属小板的时候，食物不再掉落，于是小白鼠的这种按压行为就逐渐消失了。

小白鼠在按金属小板的时候进入心流了吗？这只能合理推测，但很难验证。不过小孩的表现却是可以被观测到的。比如，现在有很多专门用来给少儿提升英语水平的小程序，产品经理用来调动小孩刻意练习发音行为的方式通常是这样的：

首先，小程序会设置跟读系统，小孩朗读单词发出的声音会被立刻评出一个分数，比如85分。

其次，当10个单词都能获得90分以上的成绩时，系统就会发一个金币红包。

最后，小孩积累的金币可以在达到一定的数量后前往小程序内的金币商城去兑换包邮商品，这些商品通常是玩具或孩子可以送给妈妈的化妆品等。

正是这样一个将小孩的英语发音练习叠加了及时反馈机制的打分系统和金币激励系统，让许多小孩在朗读英语时能轻松进入心流状态；同样的打法还有AI钢琴陪练助手，通过一曲完毕后给孩子的演奏打分，同时还用红色标注方才的错音和节奏出现问题的段落，系统马上就给了琴童一个反馈，让练琴的小孩为了获得高分一次次进入心流，在不知不觉中提升自己的钢琴演奏水平。

及时反馈为什么如此有效呢？米哈里教授认为，因为它是一种证明自己的行为正在导向一个目标达成或者任务达成的有效信号。虽然这种有效信号对行为的激励作用会因不同的人而有些许差异，但无论这种信号来自内部还是外部，通过类似反馈的信号，能帮助一个对于克服熵增没有动力的人产生行为动力，帮助和引领他逐步通过行动来接近目标。

根据习惯理论，通过不断的行动和奖励不仅能养成习惯、建立秩序，还能强化一个人对于自我的认同，让人产生成就感。而任何一个理解马斯洛需求层次理论的读者都知道成就感是人类顶级的需求，是人们用强劲动力去追逐的对象。因此，在这一遍遍的反复强化中，人们会继续保持行动动力，从而追求更多的确定感、自我认同感和成就感。

是的，这种因强化了果、果又强化因的螺旋式上升的增强回路会让人更容易进入心流状态，并且更容易在心流状态中提升自己，不断克服熵增做功。

第四，挑战水平与技巧水平有效组合。米哈里博士认为心流的产生和一项活动的挑战水平和技巧水平有不可分割的联系，他根据这两个不同的因素，把人们的体验分成以下8个区间。

一是挑战水平低—技巧水平低，为无感。这是一个许多人日常活动中的基本动作。比如你从椅子上站起来，或去厨房倒一杯水，等等。这些动作你再熟悉不过了，它没什么挑战性，更不需要任何技巧，仅仅是自然而然的动作而已。

二是挑战水平中等—技巧水平低，为担忧。比如我们以前上体育课，跑50米短跑不需要太多的技巧，原本你的水平假定是8.0秒完成任务，但由于过完暑假升了一个年级，现在7.9秒才及格，这个任务对你来说也未必达不成，但总会觉得有点儿担忧，生怕自己做不到。

三是挑战水平高—技巧水平低，为焦虑。我们还是以50米短跑为例，这次及格线不是7.9秒，而变成7.0秒了。这就立刻会让你从原来的只是担忧直接变成对体育考试可能不及格的焦虑。

四是挑战水平低—技巧水平中等，为无聊。很多人在一个公司里，如果在同一个基础岗位上待的时间太久，就会因为需要处理工作的基本技巧水平都掌握了，面对的工作实在没什么挑战性而产生无聊感，继而产生职业倦怠。

五是挑战水平高—技巧水平中等，为唤起。同样的工作，正常处理1周可以搞定，但由于客户付了加急费，需要3天内赶出来。这时候挑战水平就会急剧上升，此时无聊的工作也会让人有被重新唤起的体验。

六是挑战水平低—技巧水平高，为放松。你看到过神情自若地演奏久石让钢琴曲的老钢琴家的视频吗？他们看起来表情放松，波澜不惊，虽然这些钢琴曲的演奏对普通人来说极具挑战性，但对他们来讲就像我们初中时学习的《卖油翁》里的哲思：

“无他，但手熟尔。”因此，这些演奏者也表现得无比轻松。

七是挑战水平中等—技巧水平高，为掌控。这类情况通常会出现在企业里资深的工程师或项目经理的身上，一些在旁人看来难以解决的问题，由于这些资深人士经验丰富，因此处理起来游刃有余，给人一切尽在掌握中的可靠感。

八是挑战水平高—技巧水平高，为心流。是的，心流状态终于登场了。比赛场上，当两个水平相当的乒乓球选手在进行巅峰对决时，由于双方在技术水平上平分秋色，更能进入物我两忘的心流状态。电脑前，当你在以最大的努力挑战之前高出你的正常水平又不是你完全无法解决的难题、卡点时，你也会进入心流状态。

当然，挑战水平因人而异，同样也会随着一个人能力水平的发展而不断发生变化。比如游泳，在你还是一个初学者的时候，你的手一离开游泳池池边，立刻就会产生焦虑；而当你通过刻意练习，总结出自己身体的姿势，通过不断调整，逐渐在水中掌握要领，可以向前游几米后，你的焦虑感就会大大减轻；而当你终于首次可以相对自然，并且有节奏地在水中前进，也掌握了换气的诀窍后，一种由内而外的成就感就会在你的心里升腾，此时，你就真正进入了心流状态。

当然，随着技巧的娴熟，当你的游泳技能已经变成一项本能，甚至可以教别人游泳时，普通的游泳就无法带你进入心流，而变成一项让你非常放松的活动了。

第五，让忧虑感消失。忧虑感和焦虑是现代社会最普遍的问题之一。这是一种因对自己或者身边在意之人前途命运、生命安全的过度担心而产生的烦躁情绪。比如，公司业绩下滑，人事经理开始和部门领导频频开会讨论人员优化方案时的人心惶惶；又或者体检报告出来，某项重要指标不合格，担心自己的健康状况出了问题以致坐立不安，上班时无法集中注意力；等等。

可以看到，忧虑感和焦虑是人们进入心流的大敌，会时不时地在自己认真读一本书，甚至在工作中打断自己，最危险的是在开车的时候如果发生类似的精神游离，甚至会造成车祸。

那么，如果有了忧虑感或者焦虑，要做些什么事情才能从这些感觉中走出来，重新让我们相对容易地进入心流状态呢？在此向你推荐以下三种做法。

第一是学会冥想。有研究表明，长期进行冥想可以让人脑前额叶皮层里的大脑灰质显著增加，而大脑灰质是神经元细胞体密集的部位。它是进行信息处理的中心，也是调节机体所有机能的最高中枢。一次8分钟的冥想可以让人迅速地从大脑疲劳以及各种负面的假想中恢复过来，疲劳和负面假想减少了，忧虑感和焦虑自然也就降低了。

冥想的方法非常简单，就是把注意力放在自己的呼吸上，刻意地用鼻子吸气，用嘴巴吐气。虽然在过程中思想会开小差，但这是很正常的，只需重新把注意力拉回来，再次放到呼吸上就可以了。

第二是运动。神经科学表明，运动能有效地刺激大脑中的内啡肽的分泌，而内啡肽是一种纯天然的止痛剂，可以帮助大脑进入轻松愉悦的状态。从功能上来说，内啡肽不仅可以调节不良情绪，还能帮助人们改善睡眠，提高免疫力，提升工作效率。

因此，如果感觉自己的状态不佳的时候，通过简单的运动，比如深蹲、高抬腿，有条件的话进行一次快走，让心率提升上来，那么我们的忧郁和焦虑也能迅速得到缓解。

第三是切换视角。这种假想切换可以是空间维度，也可以是时间维度上的。

从空间维度上来说，当自己的忧虑感和焦虑袭来时，可以立刻假想自己站在自己的背后，以第三者的角度观察自己，看着眼前的“这个人”正在焦虑，然后再看着他/她的忧虑感渐渐地被缓解。

从时间维度上来讲，可以假想10年后再回过头来“回忆”今天，可能是一个怎样的景象。比如部门马上要裁员了，10年后，再想想今天自己的处境，第一，未必会被裁掉；第二，就算真被裁了，一方面至少还能拿到一笔遣散费，另一方面只是多花一点儿时间重新找到一份工作就可以解决了。

你看，通过空间和时间这两个维度来审视当下的自己，是否这种忧虑和焦虑感就缓解了，我们也能腾出更多的思维带宽，留给让我们变得更好的“心流”呢？

第二节　精力充沛的工作方式

在工作中创造心流

现在我们已经知道了，如果能进入心流，无论是行为动力、工作效率，还是满足感和成就感都将达到一定的高度。因此，假使可以在工作中创造心流，那对于个人来说，就不仅可以拥有一个绩效良好的8小时，而且还能每一天都过得很充实。

那怎么做才能在工作中创造心流呢？结合心流发生的五大路径，不难找到这些路径和工作的联系。这里简单介绍其中的三个方法，帮助你在工作中创造心流。

第一，随时制订清晰的工作目标。这一条看起来似乎有点儿多余，但很多人往往只有短期的工作目标而缺乏一个长期的工作目标，所以经常会出现短期工作被推翻重来的情况。而推翻重来情况的出现会让人觉得自己的工作没有价值，持续进行没有价值的工作，自然很难进入心流状态。

如果遇到这种情况应该怎么办呢？答案是想清楚自己部门在

公司里的定位以及自己在部门里的定位，通过思考，列出中、长期目标并及时和直属领导对齐目标，不做无用功。

第二，主动寻求及时反馈。你的领导可能是对你的工作最清楚的那个人。不过，除非是特别小的团队，否则领导往往会一个人面对多个下属，他的时间会很稀缺。因此，在对齐目标后，可以至少每隔一个月主动约领导一次，将这个月完成的事务结构化地做书面或口头报告，以获得一次相对及时的反馈。从而让自己在反馈后保持行动的动力，笃定做功的方向。

第三，挑战有难度的任务。工作一段时间后，往往会坠入舒适区，虽然在舒适区里做事不用花太多的精力，但这样很容易演变成用1年工作经验做10年的人。只有当一项任务的挑战水平和所需技巧水平都比较高的时候，才更容易进入心流状态。

因此，当你的工作技能在工作一段时间后渐渐成型时，不妨在有机会的时候主动挑战有难度的任务，进入全新的学习领域，创造进入心流状态的机会。

游戏化教学

说完了工作上如何进入心流状态，我们再来讲讲培训学习让学员进入心流状态的案例。

学习是一件很艰难的事情，因为人总是趋乐避苦的，而学习总是和“十年寒窗”“学海无涯苦作舟”联系在一起。如果有一种快乐的学习体验，你是不是很想尝试一下呢?

现在，你被安排进一个为期两天的新员工培训学习营，培训的内容是最传统的公司介绍、企业文化、怎样融入公司等内容，看到这样的课表，你会不会感到无聊至极，立刻想向主管请假呢?

但是，先等等，别着急。新员工培训开始后，介绍公司的讲师并没有如期出现，反而是一个年纪和你差不多的漂亮小姐姐走到了培训教室中央，她自称是你们的班主任。然后，她请你们40位新员工站起身来随机在培训教室里走动，她要求你们保持“匀速”地游走在教室里，接着只听到一个很突然的声音：“停下！”

这时，你一脸蒙地看看大家，又看看班主任。她把长方形的培训教室分成大小相等的4个小长方形，分别是A、B、C、D四个区域，每个区域里现在都有10个人左右。这样，你们10人一组的4个小组就形成了。

你在C组，班主任让你们拿出手机，在网上找一个最能代表自己的卡通人物，然后拿着这个卡通人物在组内进行交流，并且还要求每个人根据你的卡通人物给你贴一个正面标签，最后选出组长。

你在网上找到柯南，开始和组里的同学交流起来：我是……我有n年的工作经验，上一家公司是……现在的部门是……

一圈下来，大家都叫你柯南，你收获了诸如“高智商”“可靠”“沉稳”等标签，你还在小组里认识了功夫熊猫、维尼小熊、恐龙阿贡等小伙伴，他们还一致选你当组长。

四个小组的组长纷纷上台做了自我介绍后，班主任宣布，你们今天和明天将一起打通4个关卡。每个关卡由4位主管把守，他们将在分享学习内容的过程中有很多互动，并且每次互动都可以通过抽扑克牌作为小组的积分，积分最高的小组最后不仅可以获得冲关奖品，还能获得本期“最佳新人”奖章。你瞄了一眼角落里放着的十枚奖章，一看不得了，奖章的颜值让你忍不住暗下决心，一定要拿下它。

……

以上培训设计出自当今某独角兽互联网公司的新人培训，这种学习方式一改以往灌输式的教学，在开始培训之前就让学员仿佛开始一项具有挑战性的游戏一样；通过4组竞争拿积分，让学员在听公司介绍的同时互动，调动踊跃发言的氛围；通过讨论、分工、演练，对公司文化的阐述做上场路演；通过翻转式教学，让其中某一组提出快速融入公司的难点，由其他小组给出解决方案等等。

第一天晚上，还布置了一个各小组拍摄反映企业文化的1分钟短视频任务，以公司群内的点赞投票数作为评分依据。让小组里的短视频达人、外交达人各显神通。

结果，两天的培训让绝大多数学员都进入了心流状态。很多学员表示，从没有参加过如此有趣的学习体验，自己仿佛在玩角色扮演游戏一样，一路过关斩将，在充分学习公司课程内容的同时，还收获了将来可能要一起工作很长一段时间的战友。

为什么这种游戏化的培训效果如此显著？答案是它包含了游戏化PBL的三种元素。

P即Point，积分，是及时反馈。在整个培训过程中，积分贯穿全场，无论是问答、路演、抢答，还是1分钟短视频评选，每个获胜小组都能获得及时的积分奖励。

B即Badge，徽章，是明确目标。徽章虽然并没有物质的价值属性，但高颜值的徽章让每个学员都想要去获得它，这就形成了一股对于明确目标的学习动力，让学员全身心地投入，发挥自己诸如速记、演讲、短视频制作、社交等技能，想方设法去夺得第一名。

L即Ladder，排名，是高水平的技能对决和高水平的挑战。人类天生就是喜欢“比”的物种，随着积分的变化，小组之间的排名也在不断地发生变化，尤其是当积分咬得很紧的时候。这种挑战会让每个组员分泌大量的肾上腺激素，此时很容易产生组内成员彼此的认同感。

所以，原本一场无聊的新人培训变成一场融入了及时反馈、明确目标以及挑战水平和技巧水平有效组合的高挑战游戏。这种学习方式，是不是特别容易帮助学员克服熵增做功，进入快速、高效学习的心流状态?

Part 第七章 07

熵减法则：罗森塔尔效应

你或许听说过罗森塔尔效应，如果你曾经对它有所了解，可能会认为罗森塔尔效应主要运用在对下一代的教育上，但你可能并不知道罗森塔尔效应还有其他名称，比如期待效应、人际期望效应或者自证预言，它是一种对自己或对别人的暗示。不过这种暗示是一把双刃剑：用好了可以实现克服熵增做功的效果；但如果使用不当，则很可能会起到负面的作用。

第一节　相信是最好的鼓励

来自老师们的期望

罗森塔尔效应在普遍的认知中，是教师对学生的殷切期望会达到戏剧性预期效果的一种心理现象。1968年，美国心理学家罗森塔尔和雅各布森在一所小学做了一个心理学实验，他们从1～6年级各选了3个班级，并对这些孩子进行了一项“未来发展趋势的测验”。测验过后，罗森塔尔用非常赞赏的语气把一份“最有发展前途者”的学生名单郑重其事地交到校长以及相关老师的手上。临走前，两位学者再三叮嘱一定要保密，否则可能会产生不良的影响。

事实上，罗森塔尔一行只是以知名学者的权威身份撒了一个实验性的谎言，因为这些名单上的学生其实都是随机挑选出来的，和他们的测试内容完全没有任何关联。尽管如此，8个月之后，当罗森塔尔和他的助手们再次回访这所学校进行复试时，让人惊讶的事情发生了：这份名单上的学生，无论之前表现怎样，现在几乎每个人的成绩都有了比较大的进步，甚至连性格也更开朗了，而且无论是自信心还是求知欲，都变得比之前的水平要强得多。

这项实验获得了显著的成功。于是，心理学家就把这种教师对学生的殷切期望会得到戏剧性预期效果的现象称为罗森塔尔效应。经过分析，这项心理效应之所以会产生，主要是因为老师们受到了来自心理学大咖的暗示，这让他们对名单上的这些学生作出了全新的预期评价。

与此同时，在日常的互动中，老师们虽然遵守了对名单保密的原则，但毕竟是普通人，也会经由表情、肢体动作等非语言信息把自己的这种心理活动通过情感和行为传递给名单上的学生，这些都会在潜移默化中感染并鼓舞他们。接着，这就让被赋予高期望的对象维持了期望中的行为模式，变得更自尊、自信和自强了。

所以，由于这一系列持续的互动激发了孩子们克服熵增做功的动力，8个月之后，学生行动后本身的真实进步就和“期望”趋于一致，真正地变成现实了。

每个人都希望与自己关系亲近的人变得更好，每个人也都希望自己能变得更好。而罗森塔尔效应让我们不仅看到了希望，还知悉了路径。这些希望和路径主要从下面三个方面来体现。

第一，就像成长型思维一般，罗森塔尔效应也同样证明：一个人的智商和能力并不是固定的，通过外部作用的“激活”，任何人，哪怕是随机挑选出来的学生，都可以在短短的时间里取得很大的进步。

比如阅读障碍症是一种很多儿童都可能患有的疾病，简单来说，这个病症是由大脑综合处理听觉和视觉的不协调引起的，表现为阅读或书写的困难。有研究显示，英语国家中有阅读障碍症的儿童可以达到10%~30%。虽然学习汉语的有阅读障碍症的儿童占比要低很多，仅为3%~5%，但这些人小时候很容易成绩不佳，被老师和同学称为“学渣”。

很多有阅读障碍症的人会觉得自己成绩不好，很自卑，将来也很难有太大的发展。但你可能不知道，像美国前总统小布什、维珍集团创始人理查德·布兰森、影帝汤姆·克鲁斯等知名人士以前都患有阅读障碍症，这个别人看起来是“先天不足”的毛病，并没有影响他们成年之后的发展。

因此，哪怕你现在的状况并不好，但如果用对了罗森塔尔效应，理解外部作用完全可以“激活”自己，这项心理效应也能在短时间里帮助你获得“外力做功”，取得负熵和各种你想要的进展。

第二，信任与期望是“激活”一个人智商与能力非常关键的要素。管理大师彼得·德鲁克曾经说过："管理的本质，其实就是激发和释放每一个人的善意。"你小时候有没有这样的经验，以前你可能在某一门学科上成绩不佳，但有一天，忽然新来了一个老师，这个老师总是夸你、赞赏你。就算题目做错了，她也总能在这个过程中发现你做对的中间步骤。

于是你上她的课就特别认真，积极举手发言，认真完成作业，期待获得来自她更多的积极反馈。结果一个学期以后，你在这门课上的成绩果真取得了进步，甚至还可能进入年级排名榜单的前列。这个老师就是对你使用了罗森塔尔效应，用信任和期望激发了你的善意，激活了你在这门课程上的学习动力。

第三，有正向效果必然就会有负向效果，所以，要特别小心警惕负向的罗森塔尔效应。有一个成语叫一语成谶，意思是说，本来一句无心的话，很可能会变成真的。比如有些人总是觉得自己"不是读书的料"，结果就算有时间学习，也会因为想着"就算自己花了力气也不会有效果"，就把时间浪费到其他事情上面，这就让他在下一次测试中果真应验自己"不是读书的料"的结论。

还有一些情侣吵架，其中的一方可能会说"你看你，总是把自己活成一座孤岛"，又或者"你总是不在乎我的感受""你每次都爱耍小性子"，等等。殊不知，这是把罗森塔尔效应用反了，在无意间使出了负向的自证预言，这不仅可能激发出他人的恶意，甚至有可能让自己的境遇变得糟糕而不知原因。

罗森塔尔效应其实还有一个别称——皮格马利翁效应，其中还有一个美丽的故事。相传在古希腊神话中，有一位塞浦路斯的国王，名叫皮格马利翁，他同时还是一位很有才艺的雕塑家。他精心雕塑了一个可爱美丽的少女，每天亲吻她、拥抱她，还给她穿上美丽的长袍，期望自己的爱意能被少女“接受”，但尽管如此，雕像依然只是一座雕像。

国王备受这种相思之苦，于是他就带着丰盛的祭品去神庙请求神灵的帮助。负责爱情的女神阿芙洛狄忒被皮格马利翁感动了，于是决定帮助他。当国王重新回到雕像旁，雕像的脸颊居然有了血色，嘴唇也慢慢张开，竟然真的变成了活人，而且还成了皮格马利翁的妻子。

皮格马利翁效应被后人总结为：赞美和期望能产生奇迹。

破解负向罗森塔尔效应

回忆过去，你是否也有类似负向罗森塔尔效应的经历，把你置于一个并不令人满意的境地呢？如果让我们回到那个时刻，并且用慢镜头来审视这一系列心理过程的关键节点，可能是什么样的呢?

接下来，就让我们通过一个最常见的场景，来一步步抽丝剥茧，一起来找到破解负向罗森塔尔效应的方法。

你的伴侣有一天不知道为什么，突然拿你和同事的伴侣做比较。一开始你忍住了这份不悦，没有表达出来，但接下来的谈话内容让你觉得越来越不对味儿，你也越来越压制不住自己肚子里的火，你的感觉就好像过去父母在讨论“别人家的孩子”一样。

你原本也打算用对方做的不好的地方予以反击，但你突然意识到，这可能是负向罗森塔尔效应在作祟，那自己有没有办法破解它呢?

于是，你说:“亲爱的，你刚才拿你同事的伴侣和我做比较，让我感觉就像小时候我的爸妈在和我讨论‘别人家的孩子’，现在我心里很难过，请你别再拿别人和我做比较了。”

请你想象一下，如果是你突然听到这番来自伴侣的表达，你会有何感想? 是不是会突然“意识到”自己刚才“做比较”的行为有问题，然后立刻停止类似的行动呢?

这套心理技术出自美国心理学博士马歇尔·卢森堡的著作《非暴力沟通》，以上话术是一套把双方语言背后的思想摊在桌面上，从而让人能“意识到”并让人做出行为改变的技术。

这个话术分成事实、感受和请求三个部分，为了方便记忆，我把它简称为“是瘦球”。

“是”，事实，把之前发生的事实说出来。在以上场景中，事实部分为：“你刚才拿你同事的伴侣和我做比较。”

“瘦”，感受，在事实发生后，自己的感受发生了什么变化。要用平静的口气表达自己最真实的感受：“这让我感觉就像小时候我的爸妈在和我讨论‘别人家的孩子’，现在我心里很难过。”

“球”，请求，因为自己的感受发生了变化，而且感觉很糟糕，所以请求对方能否这样做：“请你别再拿别人和我做比较了。”

你看，通过“是瘦球”话术的三连击，一下子就把情绪背后原本看不见的“潜意识”呈现在桌面上了，就像荣格说的那样，当潜意识被呈现时，命运就被改写了。

改变你的口头禅

“是瘦球”仿佛是一道来自封闭系统之外的力量做功，可以让别人突然“意识到”，继而破解别人的负向罗森塔尔效应。那在自我调整的过程中，要怎样提升觉知，让自己的“潜意识”被显现，从而防止自己陷入负向罗森塔尔效应呢？

一个非常值得注意的地方是口头禅，口头禅通常是我们自己意识不到的语言，它会在我们不自知的情况下频频出现，却又往往流露出我们的潜意识，而变成语言外化的潜意识则又会通过不停吐露、不断强化，继而变成现实。要让潜意识显现出来的部分可以被观测到，一种有效的方法是通过乔哈里视窗这个工具，借助身边人来帮助自己发现它。

乔哈里视窗是什么？这是一种可以“实现自我意识发现的反馈模型”，它分为四个区域，分别是：

开放区：自己知道，别人也知道的信息。比如你的毕业院校、工作经历，这些都是公开的事实。

隐秘区：自己知道，别人不知道的信息。比如你过去的特殊经历，藏在心底的秘密，等等。

盲目区：自己不知道，别人知道的信息。比如你的坏习惯、性格的弱点，口头禅通常就隐藏在这个区域里。

未知区：自己不知道，别人也不知道的信息。比如一些隐藏的疾病，又或者是你身上的潜能，未被开发出来的能力。

通过乔哈里视窗的模型，可以很清楚地看到，从别人那里获得反馈，找到自己到底有什么口头禅，把自己的盲目区打开，是一种行之有效的做法。

比如，我们办公室以前有一个女孩子，一直在做数据处理的事务性工作。她聊天时，每次都喜欢感叹“是贫穷限制了我的想象力”。这句话乍听起来只是一句网络流行语，好像也没什么毛病，但它背后的假设却恰恰是“过去、现在、未来的自己大概都是一个缺乏想象力的穷人”。

所以，正是在“穷人思维”的潜意识中，在面对机会的时候，这个女孩子要么懒于思考，要么不愿花费更多力气去寻找棘手问题的多种解决方案。久而久之，她在日常工作甚至关键项目里错失了很多发展进步的机会，结果就真的变成一个“缺乏想象力的穷人”了。

但是有一次，部门接受外部讲师的培训时，培训师安排了一个通过乔哈里视窗找到真我价值的环节，其中的核心内容就是通过彼此给予反馈，找到同事间日常使用的口头禅。结果这位女孩才如梦初醒，开始刻意避免自己讲出类似的话。

经过了这次“觉醒”，后来公司新领导调整组织架构，设立了新部门，没想到她竟然抓住了这次内部调岗的机会，成为BD（商务拓展）助理。之后听闻她跟着BD部门的领导，为公司引进了不少新客户，而且还破格获得了职级晋升。

现在，我们已经知道口头禅对自己有多重要，它在潜移默化中引导我们的思想，会让我们做出与之匹配的行为，那么我们有没有可能设计出能实现正向罗森塔尔效应的口头禅，用潜意识的力量帮助我们克服熵增做功呢？

下面这几个口头禅经常出现在商业大佬或成功人士的口中，

你可以择优选择，然后刻意练习，让它们为你所用。

口头禅一：“这件事情本质上……”

“本质”是问题背后的根本原因。虽然你未必在一开始就能一眼洞穿每件事情的本质，但这个句式却能迫使你的大脑通过一次次的刻意练习去做深度思考，从不轻易放过“明显”细节，到不轻易放过常人难以“短时间”洞察的细节，继而从观察只是流于表面到看事入里、看人入心，把握本质。

口头禅二：“如果再来一遍，我会……”

这又是一个迫使自己大脑进行反思的口头禅。苏格拉底说：“没有反思的人生不值得过。”通常拥有类似口头禅的人都是复盘反思的高手，他们能选取每件已经发生的事情中的亮点，同时避免每次行动中的不足，最后会重新审视哪些情况应该停止行动，哪些情况可以继续行动，哪些情况应该在下一次开始行动，从而让自己变成一个不断迭代、持续精进的人。

口头禅三：“还有什么遗漏的吗？”

以上句式是一个能让人变得聪明的句式，相当于每次在事情快收尾时做一遍复查，让自己再次全面、全局地审视局面，查漏补缺，从而为取得良好的结果做足准备。

口头禅四：“下面我会从三个方面来说……”

“三个方面”“三个特点”“三个重点”这种句式都是具备结

构化思维者的口头禅。如果你也逐渐让自己把这类句式变成习惯，久而久之，和你接触的人就会发现你变得愈发地有条理，愈发地思路清晰，愈发地可靠，并且让人信服。

口头禅五：“一切都是最好的安排。”

发生了好事，一切都是最好的安排；事情发展得有点儿糟糕时，一切都是最好的安排；身边不停地发生变化和变故，一切都是最好的安排……

拥有这个口头禅的人总是会拥有良好的心态，这种逐渐趋于泰然自若、从容不迫，看庭前花开花落，看天边云卷云舒的心境能让你遇事变得不再急迫、焦虑，每逢大事有静气。

口头禅六：“让子弹飞一会儿。”

这是另一个能让人沉得住气的口头禅，通常说这句话时的场景，是一项行动付诸实践之后还没有显著效果，此时周围的人就开始着急了的时候。但如果你能自然地说一句“让子弹飞一会儿”，你就很有可能成为工作团队中的定海神针，家庭成员里可以放心依靠的对象。

除了这些口头禅，如果你觉得还有哪些口头禅也能实现正向罗森塔尔效应，请你写下来，它将在你写下后对你产生潜意识的暗示，在你未来的日子里起到积极有效的作用哦！

第二节　你是最棒的

生活中的罗森塔尔效应

如果你看过电影《007之择日而亡》，就一定对影片中出现的邦德女郎哈莉·贝瑞记忆犹新。她是一位黑人女性，无论是演技还是展现出的镜头魅力，都让无数影迷喝彩。后来她还参演了《X战警》《王牌特工2》《死囚之舞》等脍炙人口的影片，其中《死囚之舞》更是作为一部现代爱情电影，使她在2002年获得了第74届奥斯卡金像奖最佳女主角奖项。

但你可能想象不到，荧幕前充满魅力的哈莉·贝瑞，居然被自己的历任丈夫家暴，总共离婚过4次，甚至在1990年，在她与一位好莱坞男演员交往时，被打到了左耳，丧失了80%的听力。

贝瑞是受到诅咒了吗？为什么她频频遇到“擅长”家暴的男人呢？看了她在荧幕外的这些不幸经历，可能会对贝瑞感到扼腕叹息，但当你看了下面这些细节，就可能会得出另外的结论了。

根据贝瑞其中一任丈夫的回忆，他自己不仅从来没有家暴的历史，也了解贝瑞被家暴的过去，他非常同情贝瑞，并且曾发誓一定会好好待她。不过万万没想到，在一次家庭矛盾中，贝瑞着了魔似的反复对他大吼：“你是不是也想像他们那样打我？那来呀，打呀，打我呀！”

这任丈夫刚开始还很清醒，但被反复怒吼后就好像被催眠了一样，就真的打下去了。

是的，看到这里估计你已经猜出来了，贝瑞历任丈夫都是在她的引导下对她实施了家暴，这是把罗森塔尔效应往反方向上运用的典型案例。

这是一个国外的案例，我们再来看一个国内的例子。

国内知名心理学者武志红老师，曾经在课程《武志红的心理学课》中讲到了一个让人印象深刻的案例。

案例的主人公是武老师的同学，这位同学陷入了与两个女人的三角关系中，一个是他相貌平平的妻子，另一个是美貌的前女友。

他和美貌前女友是初恋，彼此非常相爱，不过他却打心底里不相信这个美女会嫁给自己，然后跑去相亲了，并且还在自己并不满意的情况下迅速和相亲的对象——现在的妻子结了婚。

这位同学在向武老师吐露这件深深困扰他的事情时，嘴里还不停地说着三个字："这是命。"

一开始武老师还没当回事儿，但当同学第三次说"这是命"的时候，武老师猛然意识到这里面可能大有文章。接着就开始通过谈话技术追溯他和妻子的相亲过程。

同学说，那次是他三十多次相亲的最后一次。当时，他刚踏入房间时，一眼就看到几个女孩中相貌平平的那个，他默默期待，相亲的对象千万不要是她。

但没想到"盼着什么不要来，什么偏偏就会来"，这位女孩子正是他的相亲对象。同学原本就和漂亮的女孩子谈过恋爱，确认自己对颜值有所要求，但他也不知道为什么，就这样答应了这门婚事。同学说自己当时糊涂了，一定是"命"的力量让他做了这样的选择。

武老师分析说："明明是当事人的内在意识做的合理选择，却因为他不清楚自己的内在意识到底是什么，所以将结果归因成外在命运。"

到这里还没有结束。武老师进一步指出，这位同学之所以会有这样的内在意识，其实是有底层假设的，通过追问，他终于挖掘出了这份底层假设到底是什么。同学说："漂亮的妻子赏心悦目，虽然爱，但免不了自卑和不自在；而面对相貌平平的妻子，不仅不会被自卑感折磨，而且还会有一份优越感。"

到这里为止，真相大白。正是这份带着内在底层假设的负向罗森塔尔效应（自证预言），让武老师的这位同学身陷其中，落入自己为自己安排的糟糕境地而不自知。没错儿，罗森塔尔效应是日积月累下的潜意识力量，这位同学正是在自卑潜意识的引导下，作出了与妻子结婚的决定。

关于潜意识，心理学家卡尔・荣格曾经说："你的潜意识指引着你的人生，人们称其为命运。"看到这里，你是不是特别想知道，命运有没有机会翻盘呢？答案是肯定的，因为荣格还有另外一句话："当潜意识被呈现时，命运就被改写了。"

激发他人的善意

通过调整自己的口头禅，可以使用罗森塔尔效应对自己进行积极的暗示，在日积月累中逐渐产生良好的正面效果。那么，我们要怎样由己及人，也使用正向罗森塔尔效应来激发出别人的善意呢？

下面这四个方法，值得学习借鉴。

第一，把别人视为值得信任的人。海底捞的创始人张勇始终都是这么做的。你一定听过海底捞，可能还见识过海底捞"无微不至"的服务，看到过他们每一个服务人员由内而外、充满善意的真诚微笑。这些人为什么不仅工作快乐，而且还处处为顾客着想呢？

其中最重要的原因是张勇愿意信任别人、愿意放权。在海底捞，服务人员可以根据实际情况送客人喜欢吃的菜，免费打包一个大西瓜给顾客带走；在一些特殊情况下，服务员甚至可以直接给客人免单。

我自己有一次组织MBA同学聚会，同学里包括我在内一共有3位同学把自己家的小孩带到海底捞一起来参加聚会。海底捞的服务员看到后，居然给每个小孩免费发了一个质量很不错的玩具，不仅如此，服务员还陪着他们一起玩，让这3个小娃娃玩得不亦乐乎。

有人不无怀疑地问张勇："要是这些服务员辜负了你的信任，滥用权力，隔三岔五地给自己认识的亲友免单，你怎么办？"没想到张勇并没有直接说"他们不会"，而是反问这位提问者："如果我给了你这项免单权，你会这样滥用吗？"一句话问得他不知道该怎么回答。

是的，正是因为对员工的信任，海底捞的员工不仅感受到了这份信任，而且还被激发出了善意，珍惜着这份来自创始人张勇无条件的信任，并且还把这份善意传递给了顾客。

第二，把别人视为值得为之出头的人。海底捞是火锅行业的佼佼者，张勇激发了服务人员的善意。顺丰速运是快递行业的佼佼者，让我们来看一下，顺丰总裁王卫又是如何使用罗森塔尔效应，通过为员工出头来激发快递小哥们的善意的。

2016年4月17日，顺丰的一位快递小哥在北京东城区某地使用三轮车送货时，与一辆黑色小轿车发生了轻微碰撞。这是一起再普通不过的交通事故了，一般走个保险流程、道个歉，这件事就过去了。但让人万万没想到的是，黑色轿车的驾驶员竟然下车一连抽了这位快递小哥5记大耳光，不仅把人给打蒙了，甚至还十分猖狂地叫骂侮辱小哥。

顺丰总裁王卫知道这件事情后，马上就在朋友圈立下誓言："我王卫向着所有朋友声明！如果我对这事不追究到底，我不再配做顺丰总裁！"这个朋友圈被人截图后刷爆了全网。那段时间，无论是这位快递小哥本人，还是其他顺丰员工，看到自己的总裁能如此为基层员工出头，无不在心中升腾起感恩之情，想要一心一意为公司尽心尽责的善意瞬间被激发了出来。

最终，除了打人的车主在王卫的追究下，被处以10天的拘留惩罚以外，2017年2月24日，顺丰控股在深圳交易所上市首日，王卫竟然还邀请这位受过委屈的快递小哥一起去"敲钟上市"。这个举动再次传递了公司愿意为所有员工出头做主的决心，让所有人都点赞叫好、拍手称快。

这种正向的罗森塔尔效应瞬间传递给所有顺丰员工，正应验了管理学中的一句金句：今天你为员工出头，明天员工为你战斗！

第三，把别人视为为你解决问题的人。你可能会觉得通过正向罗森塔尔效应激发他人善意的都是老板、领导们做的事情，而自己现在还没当上领导。那我们再来看一个“90后”普通女生是怎样激发出我的善意的。

那天我发现有一个链接出错了，于是就在微信上把截图发给相关负责人，对方是一个“90后”的普通女孩子，我正准备责问她：“你们难道自己都不做验收检查，就匆匆上线吗？”

可还没等我把字打完，对方已经立刻作出了回应：“真是太谢谢你了！还好你及时发现了问题，否则客户看到就有大麻烦了。”这位“90后”姑娘不仅把我想要说的话都说了，让我不由自主地猛按“删除键”，删除了原本打算责难她的话，而且让我不知不觉地改成了：“对，那你赶紧找人调整一下吧。”

关闭对话框后，我越发觉得这个女孩子不简单，因为她不仅懂得换位思考，提前说出我的不满，而且俨然把我拉入她的阵营，把我变成了一个来帮她解决问题的人。她成功地激发出了我的善意！

是的，当你把对方视作敌人，别人也会对你投来敌意；当你把对方视作给你指导、为你提供解决方案的盟友，那么别人也会自动进入角色，真的成为一个问题解决者。

第四，把别人视为值得感恩的人。我们在职业生涯中最希望遇到贵人，那怎样才能让别人主动愿意成为自己的贵人呢？答案是把别人视为值得感恩的人。这不是心灵鸡汤，而是运用罗森塔尔效应，把比你社会地位高、资历更丰富的长辈，尤其是你的领导视为恩师。

你可能会说，如果他们对我有恩，我自然会把他们当成自己的恩师，但假如他们还没“施恩”，难道我也要这样做吗？我的答案是：是的。因为当你开始把别人视为值得感恩的人，以这种心态来和他们进行互动的时候，就算他们批评甚至责骂了你，你仍然会觉得这是对方和你心理距离比较近的体现，所以他们才愿意用相对直接和有效的方式来表达；而当你用感恩的心态来与这些前辈进行互动时，你也就不太容易从“老是来找我麻烦”“给我穿小鞋”这些负面角度去猜想，你的行为自然也不会发生扭曲，语言也不会闪烁其词，而会变得更具有问题解决导向。

同时，你还会发现，自己和这些感恩对象的沟通压力也变得没那么大了。在这种正向罗森塔尔效应的加持下，不仅对方的反馈能切实地帮助你把事情往良好的方向推进，对方也由于感受到了你的感恩态度，而变得开诚布公、心平气和，愿意贡献他的智慧了。

尤其当感恩对象是你的领导时，这种正向效果就会更为明显。因为这样做会让你负责的业务持续向好的方向推进，与此同时，好的推进会让结果变得更好；而当结果好，你个人有业绩的同时，领导脸上也有光；领导脸上有光了，他自然会更器重你，你们的信任关系会变得越来越牢固；信任感越来越强，彼此的配合也会越来越默契。如此循环往复，更多、更好的结果就产生了……

当你们一起把这个增强回路跑通了，你的领导就在真正意义上成了你的恩师，授予你经验和帮助，方向和细节上的提携，为你在职业生涯上的提升添柴助力。你看，当你把他人视为恩师，他人也将对你施恩。

Part 第八章 08

熵减法则：马蝇效应

看到这个标题，你会不会很惊讶？前面介绍的各种围绕熵增定律的思维、原理或者效应大多都是心理学家的研究。林肯可是美国前总统，为什么他会在这方面有所贡献呢？是的，正是因为林肯是美国前总统，他需要带领一个国家的人民克服熵增做功，而且他善于观察、长于总结规律，因此林肯发现和总结出了马蝇效应就一点儿也不足为奇了。现在，让我们先来了解一下马蝇效应是怎么被发现和总结出来的。

第一节　我们都需要一点“刺激”

来自林肯的思考

少年林肯的老家在肯塔基州哈丁县的一个农场，由于家里很穷，穷人的孩子早当家，林肯家的孩子们都要干农活儿。大多数时候，林肯负责在前面牵着马，他的兄弟则负责在后面扶犁，但他们家的这匹马特别懒，走路慢慢吞吞，还时不时地停下来歇息一会儿。不过也有特殊的时候，这匹马有时会突然健步如飞，这让小林肯觉得特别奇怪。

有一次，小林肯看到马的屁股上叮着一只巨大的马蝇，他立刻上前把这只马蝇打落了。这个举动让他的兄弟十分不满，责怪说：“你干吗要把它打下来，正是因为这只马蝇，才让咱们家的马走得飞快啊。”是的，没有马蝇的叮咬，马儿又慢慢腾腾，消极怠工；而刚刚正是因为有马蝇叮着，马儿不敢放松，才健步如飞。这就是林肯总结出来的马蝇效应。

马蝇效应是组织里的激励因素，管理者只要能找到合适的激励因素，就可以让有能力的人发挥潜力，努力工作，排除万难，克服熵增做功。马蝇效应之所以会产生效用，主要有两个原因。

第一，任何生物都是趋利避害的。对于一匹马来说，当它感受到被马蝇叮咬的疼痛感之后，就刺激它展现出动物的本能，设法通过奔跑来摆脱这种突如其来的痛苦；同样，对于更聪明的人类来说，每当痛苦产生时，为了摆脱痛苦，人们也会为了极力避免“疼痛”而设法行动起来，有了克服熵增的心理动力。

第二，明确的目标能激励人们更好地投入工作。比如马儿的目标就很明确：摆脱疼痛。为了摆脱疼痛的感觉（动机），它会精神抖擞地向前走动，从而在客观上加速了在田里耕地的“行动”。我们讲过行动原理模型B=MAT，马蝇效应通过制造目标，即摆脱痛苦来形成动机M。正因为动机产生了，且存在能力A——马儿有足够的力气拉着犁往前走和触发T——马儿被马蝇叮上的一瞬间，才会有行动B加速向前走的形成。

所以，无论是对于组织还是个人，这只马蝇就犹如一个挥舞着鞭子让你赶紧行动起来、开始做功的使者，而马蝇效应则正是可以帮助组织、团队或者个人打破平衡态、走向负熵的一种有效的方法。

除了马蝇效应，你可能还听说过“鲶鱼效应”。鲶鱼效应是什么呢？它指的是鲶鱼在搅动其他鱼类生存环境的同时，也激活了这些原本死气沉沉的鱼儿，它是一种企业管理者激发员工活力的手段。

鲶鱼效应的典故出自挪威。相传挪威人喜爱吃沙丁鱼，而活的沙丁鱼味道自然更加鲜美，所以在鱼市上的价格也会更高。挪威的渔夫为了把活的沙丁鱼从海上带回港口送到市场，就没有少下功夫。但尽管如此，绝大多数的沙丁鱼依然会在半路上由于窒息而死。

后来，有人发现，倘若在满满一筐沙丁鱼里放入一条鲶鱼，这条鲶鱼作为沙丁鱼的天敌，会在沙丁鱼群里左突右冲，捕食沙丁鱼。沙丁鱼们见到鲶鱼，便四处东躲西藏地活动了起来，如此一来，反而解决了缺氧的问题，结果沙丁鱼顺利地活着抵达了市场，这就是鲶鱼效应的由来。

同样的故事也发生在日本。日本北海道盛产鳗鱼，烤鳗鱼饭是北海道著名的美味，不过鳗鱼十分脆弱，离开大海后，不出12小时就会死亡。但有一个老渔民总是可以售卖活蹦乱跳的鳗鱼，而活鳗鱼的价格比死鳗鱼高一倍不止，这就让这位老渔民赚得盆满钵满。

后来有人发现了老渔民的秘密，那就是在整个鳗鱼的捕捞仓里扔几条狗鱼，狗鱼和鳗鱼势如水火，几条狗鱼在整仓鳗鱼的围攻下上蹿下跳，同时也激发了鳗鱼的活力。日本人称之为“狗鱼效应”，其实和“鲶鱼效应”并无二致。

从组织的角度来看，如果一个平衡态里突然多了“一条鲶鱼”或者“几条狗鱼”，那么其他人也会因为这股新生力量的注入而心生压力，这样反而激发了组织的活力和员工做事的积极性。

看到这里，你可能会问，那马蝇效应、鲶鱼效应或狗鱼效应又有什么异同呢？虽然最终都能产生激活潜能的效果，但是在我看来，鲶鱼效应或狗鱼效应都是马蝇效应的一个子集。为什么这么说呢？

前面我们说了，马蝇效应所产生的是一种动力，而动力可以分为内部动力和外部动力。

内部动力主要是指一个人由内而外产生的一种原动力。比如小米科技创始人雷军无法接受平庸，进步得稍稍慢一点儿就会感到痛苦。还有很多企业家都是工作狂，他们内在的力量呼唤着他们做功，比如苹果公司CEO库克每天3点45分起床，4点半给员工发邮件，5点去健身房；百度集团前总裁兼首席运营官陆奇起得更早，每天3点起床，然后跑步5公里，接着持续工作到晚上10点；而股神巴菲特尽管没听说他早起，但他每天是跳着踢踏舞去上班的。

而外部动力则是别人施加在自己身上的一种力量。比如完不成业绩就只能卷铺盖走人；公司实行271法则，前20%的人可以拿到大额年终奖，末尾的10%则一分钱都拿不到；等等。

马蝇效应中的“马蝇”，可以是精神层面的一种执念，是自己对自己的要求。比如此生一定要出人头地，做出点儿什么贡献；又或者希望“世界因我而不同”。同时，“马蝇”也可以是受到外部刺激而产生的行动变化。所以，马蝇效应产生的动力机制既涵盖了内部动力，也包括了组织和团队中的外部动力。而鲶鱼效应只是因为一条搅局的“鲶鱼”而带来扰动，虽然也能对原来的“沙丁鱼群”产生积极的影响，但它终归还是外部刺激带来的变化。

因此，鲶鱼效应或狗鱼效应属于马蝇效应，马蝇效应包含了鲶鱼效应或狗鱼效应。

为自己构建“马蝇”

作为个人，要如何来构建自己的“马蝇”，让自己成为一个更好的人呢？这就要结合马蝇效应发挥效用的两大原因——趋利避害、明确目标来加以构建。

第一，趋利避害。人都是有拖延情绪的，而且大多非常短视。就算我们当下决定周六一定要早起，去小区里进行30分钟的晨跑，但真的到了周六早上7点，别说晨跑，就连准时起床都未必能做到，这该怎么办呢?

一个有效的方法是找到一个值得信赖的伙伴，然后给对方发一个100元的微信红包，接着和对方说：“我周六早上8点以前，如果不把慢跑30分钟以上的跑步记录截图发给你，这100元你就别还我了。”当然，具体的数额你可以根据自己的情况来做调整，原则是让自己感到“疼痛”为宜。

这个方法和我们在损失厌恶原理那一章里讲到的方法有点儿类似，其核心要义是让一只“马蝇”叮咬在自己身上，只有做到了特定行动，马蝇的叮咬才能摆脱。

第二，明确目标。一些长期的行动要比周末进行一次晨跑复杂得多，这时候就要给自己设定一个KPI或者OKR。

KPI（Key Performance Indicator）通常是企业里衡量部门或个人绩效的一项指标。在个人成长的过程中也可以使用KPI这项指标把自己的行动量化，如果你再花点儿力气，把它们记录在一个Excel表格中，就可以一目了然地看到自己的进步了。

比如，根据出版公司的要求，我撰写这本书稿的时间十分紧迫，而我又只有周末的时间可以用来写作。经过任务的拆解，我给自己设定的KPI为每个周末要完成1万字，即周六和周日分别完成5000字，再拆得细一点儿就是周六早上2000字、下午2000

字、晚上1000字，周日也一样。

但有时我还要陪伴家人，带儿子去图书馆看书，或者和爱人去逛超市，假如这段时间被占用了，那我就必须利用下一段时间把目标缺失的部分补回来，否则KPI未完成的紧迫感会让我芒刺在背、如坐针毡。

你看，通过给自己设定KPI，是不是就仿佛在自己的精神上放了一只马蝇，持续地叮着自己，逼迫自己必须在规定时间内完成规定的任务呢？

不过有时候，我们的目标可能只是一个方向，在这个方向上并没有非常具体的细节可以监控，这时又该怎么办？在这种只有方向、具体内容不明确的时候，另一只叫作OKR的马蝇就能帮上你的忙。

OKR（Objectives and Key Results），中文翻译为目标与关键成果法，它是由英特尔创始人安迪・葛洛夫发明，在谷歌、脸书和领英被发扬光大的一套技术工具。OKR的具体实施方法并不复杂，你可以在一个特定的时间内以一个目标方向为指引，配以3～4个关键结果来帮助目标的实现。

这样说可能有些抽象，让我们来举个例子。

有些人在工作3～5年后进入了职业瓶颈期，发现自己的知识结构存在盲区或者本身的人脉不够宽广，因此就萌生了进一步深造、认识更多高知同学的念头，也就是考研。不过，考研仅仅是一个方向，许多有考研念头的人总是嘴上说说、心里想想，但很难去践行。所以这个时候就可以使用OKR来把想法落地。

目标：今年完成考研。

KR1——关键结果1：报一个考研辅导班。

KR2——关键结果2：每周保持出勤。

KR3——关键结果3：和辅导班中的积极分子结成盟友，彼此激励。

由于从来没有上过考研辅导班，具体的情况并不明朗，所以第一个O也就只能先设定到这里了。而等到进了考研辅导班，了解了更多的细节，结合自己的具体情况，就可以继续来设定第二个O。

目标：考上211院校研究生。

KR1——关键结果1：每周完成各科目1份真题考卷。

KR2——关键结果2：每天背诵15个考研英语单词。

KR3——关键结果3：在模拟考试中进入前20%。

等到全国联考越来越临近了，自己对自身的水平也有所了解了，就可以给自己制订KPI了，比如几门学科分别应该考到多少分，做题的策略以及考试中时间使用的策略，等等。

无论使用的是有明确细节指标的KPI，又或者是走一段规划一段的OKR，这两个工具都能帮助你构建起精神世界里的“马蝇”。让这只“马蝇”持续地给你动力，使你日拱一卒，持续做功吧！

第二节 给自己一个竞争对手

华为“蓝军”：职业“马蝇”

你听说过华为的“蓝军”吗？这是2006年任正非建立的一种制度。

什么是“蓝军”？“蓝军”是一种相对于红军而设置的部门。在华为，“红军”被定义为业务发展部门，而“蓝军”则如同职业马蝇一样，是专门给“红军”挑刺儿、寻找“红军”漏洞的“杠精”。

前文提到过，任正非是退役军人，所以华为的企业文化中带有浓厚的军队色彩。任正非曾公开表示：“我特别支持成立‘蓝军’部队，想升职，先到‘蓝军’去，不把‘红军’打败就不要升司令。‘红军’的司令如果没有‘蓝军’经历，也不要再提拔了。你都不知道如何打败华为，说明你已经到天花板了。”

华为“蓝军”最经典的战役之一是2015年华为手机迅速崛起的时期，“蓝军”居然盯着细节，真的找到了“红军”的纰漏——华为的某款手机在高温下会出现机身接缝处胶水渗漏的情况。之后，“蓝军”立刻做出了这款手机不得上市的申请，这项申请让身为业务发展部门的“红军”直接损失接近1亿元人民币。不过与此同时，却也为华为挽回了来之不易的声誉和品牌效应。要知道，哪怕在当时，华为在消费者心中的品牌形象也远远不止1个亿。

2018年，华为内部还发布了一份问责通报，通报批评了包括任正非在内的10位高管。这项通报指出“红军”过早地否定了虚拟现实等未来科技新项目，任正非本人也被罚款高达七位数。

你看，正是在这些“职业马蝇”“专业马蝇”的叮咬下，华为这匹马焕发出了无与伦比的战斗力。2020年上半年的财报显示，华为整体营收超过了4500亿元人民币，其中消费业务占比50%以上，而消费业务中占首位的份额正是手机业务。如果没有“蓝军”这只帮助了华为整体决策能力提升的马蝇，其手机业务很可能早在2008年就被“红军”以20亿美元的价格出售了。

腾讯赛马：彼此互为“马蝇”

腾讯是如今如日中天的互联网大厂，市值超过4800亿美元，在国内互联网公司中，仅次于阿里。腾讯旗下的程序应用，诸如微信、王者荣耀等早已在国内热门App榜单上登顶。而让这些产品从无到有、从“小透明”成长为“巨擘”，而且还实现急速增长的，正是腾讯内部彼此互为马蝇的赛马机制。

赛马机制，顾名思义，无论腾讯内部有什么新项目，比如早期的QQ空间、QQ游戏，最近几年的微信和王者荣耀，无不出自多个基层业务单元同时开发产品的模式，这些小团队独立闭环，在市场上一同上线竞争，最终内部厮杀出一个王者，然后腾讯再决定资源池的推广资源、公司里的优秀人才向哪个项目团队做最大幅度的资源倾斜。

在这些赛马项目中，著名的案例之一是天美工作室和其他几个腾讯内部工作室的竞赛。当时，市场上比较火爆的游戏形态是Dota、英雄联盟等3C（3条战争通道）式、即时类、多英雄在线的战术竞技游戏。

一开始，天美工作室开发出的游戏是英雄战绩，而另一个内部团队的游戏产品则为全民超神，一模一样的两款游戏同一天公开测试，结果英雄战绩全面遭遇滑铁卢。之后，天美工作室立刻抓紧时间修改游戏模式，在不断迭代中改出了王者联盟，之后又将这个名字改为王者荣耀。

最终的结果是王者荣耀这款出自赛马机制的游戏简直犹如火

箭发射一般一飞冲天，腾讯见状赶紧投入各类资源，现在王者荣耀已经成为国内现象级的游戏产品，日活（每天活跃用户数）超过1.28亿人，一年营收超过200亿元人民币。

赛马机制让每个团队的成员都在一路狂奔的途中充满紧迫感，成为彼此的发动机，难怪网易、阿里等诸多企业都在向腾讯学习，把赛马机制的原理运用在组织升级和组织创新中，不断地通过马蝇效应来增强组织内部源源不断的活力。

花钱雇“马蝇”

说完了马蝇效应对组织和团队的巨大作用，我们再来看看它是如何影响个人的。

有人发现了马蝇效应对自己的好处，所以一些追求效率极致的人开始花钱雇“马蝇”，外包自己的意志力。这是什么意思呢？意志力不是一个人的精神属性，是一种内在能力吗？为什么内在能力也能花钱外包呢？

在《生活黑客》这本书里，作者约瑟夫・M.小雷格尔描述了一个叫塞西的人，他在2012年雇用了一个女孩子，请她监督自己。塞西是这样拟定的雇用启事。

> 我在寻找一名可以在指定地点（我家或者米申区的某家咖啡馆）在我身边工作的人，你要监督我在电脑屏幕前工作。我浪费时间的时候你要吼我，如果有必要的话，扇我耳光。急需帮助，地点在米申区，靠近旧金山湾区捷运16街米申站。报酬：8美元/小时。你可以同时在自己的电脑上做自己的事。

通过这项外包意志力服务，塞西声称："该办法让我的效率翻了两番。"

这种花钱雇"马蝇"外包意志力的方法有没有让你联想到什么？是不是现在很多家庭育儿场景里的陪读就是如此？只是塞西是主动花钱找人监督自己，而现在很多孩子却是被动地坐在家长旁边，在自己思想开小差的时候，家长用"催吼唠叨"来外包孩子的意志力。

这种被动外包的方式到底好不好呢？

著名的钢琴大师郎朗就有过这样被外包意志力的童年，在他的经历中，他的父亲扮演了"马蝇"的角色。郎朗的自传《千里之行：我的故事》中记录了他和父亲的冲突：那次父亲命令郎朗把一首叫作《伊斯拉美》的高难度乐曲再弹10遍，要知道，在此之前郎朗已经弹了3遍了。这首巴拉基列夫的作品不仅演奏难度很高，而且很消耗体力，当时郎朗的手指都在发痛，情绪崩溃的他脱口而出：“不要你命令我，我希望你下地狱！”

这是我们完全无法想象的场景，事后郎朗的父亲感到非常难过，请求儿子原谅他，不过郎朗做了冷处理，之后的3个月都没有再碰钢琴。

在我们眼中，郎朗是一个对钢琴、对音乐极度痴迷的钢琴大师，但来自父亲的外在压力在这件事情上产生的结果值得反思。因此，在我看来，对于个人成长来讲，邀请“马蝇”入驻的动机最好还是来自内部。下面，就让我们再来近距离观察一个很熟悉的人，看他是如何通过来自内部的“马蝇”，让自己成就一番伟业的。

无法实现“大成”就很痛苦

很多人都有“40岁前实现财务自由”的梦想，这个梦想雷军实现了，但他却并不满足。

18岁时，雷军偶然读了讲述比尔·盖茨、乔布斯等的创业故事的一本书《硅谷之火》，整个故事点燃了雷军，他说：

> 看完这本书，我的内心就有一团火焰燃烧起来，激动得

好几个晚上睡不着觉。我在体育场上走了一圈又一圈，心情很难平静。我在操场上奠定了一个梦想：日后一定要做一个伟大的人。

22岁大四那年，雷军开始和同学王全国、李儒雄等人创办三色公司，仿制一种用于中文文字处理的汉卡作为主要产品，但后来一家规模更大的公司盗用了他们的技术，将同类产品规模化后，以更低的价格侵占了三色公司的市场，以至于公司举步维艰。三色公司仅仅维持了6个月左右便因现金流断裂而无以为继，只能原地解散。清点公司资产时，雷军只分到了一台286电脑。

虽然这是一次痛苦的经历，但在创办三色公司期间，雷军和王全国合作编写了一款软件产品，并获得了湖北省大学生科技成果一等奖。

从武汉大学计算机系毕业后，雷军入职金山公司，很快从北京开发经理，一路晋升为珠海公司副总经理、北京金山软件公司总经理；29岁，在普通人刚刚为自己坐上经理岗位而沾沾自喜时，雷军已经是金山公司的总经理了。2000年，金山公司股份改组，31岁的雷军出任金山软件股份有限公司总裁。

从22岁到38岁，雷军在金山工作了16年，其间，他带领金山在香港上市，估值6.2亿港元。别人很高兴，雷军却陷入了痛苦。为什么？因为比起《硅谷之火》里的乔布斯，人家是大成，但自己花了16年时间却只奋斗来6亿市值，只能算小成。

2007年12月20日，39岁实现了财务自由的雷军从金山退休了。带着一份痛苦的、对于大成的期待，蛰伏了3年多的时间，雷军看到了下一个风口在移动互联网。

2010年4月，雷军集结了来自谷歌、摩托罗拉、北京科技大学、金山词霸、微软的六位小伙伴，共同创办了小米科技，并且于2011年8月首发了当年极具性价比的小米手机。

到2020年8月为止，在香港上市的小米公司市值已经超过了4300亿港元。是的，雷军又花了10年的时间，创造了将近700倍的财富。

下面是雷军一路走来留下的部分足迹：2015年1月12日揭晓2014年度中国商人，小米公司CEO雷军当选；2018年10月，被中央统战部、全国工商联推荐为改革开放40年百名杰出民营企业家；2020年4月7日，雷军以92亿美元财富，位列2020年福布斯全球亿万富豪榜第147位。

名望、地位、财富这些无数人渴求的东西，雷军似乎都有了。但是，雷军满足了吗？我猜没有，因为在雷军还在金山做总经理的时候，腾讯的马化腾、网易的丁磊、360的周鸿祎才刚刚毕业，百度的李彦宏还在念书，而阿里巴巴的马云则还在创业之初到处碰壁，如今，这些人却早已走在了这个时代的更前列。

这是比起乔布斯来说更大、更近的痛苦，但正是这份痛苦，就如同叮咬着马儿的那只马蝇，又反过来给雷军以无穷的强劲动力，让他始终像一个真正的劳模一样，每天只睡4～5小时，睁开眼睛就是工作。

今天，排在小米公司前面的中国公司有华为、腾讯、阿里……国外公司更有苹果、亚马逊、微软……相信雷军始终有一个愿望，那就是有朝一日，通过公司上下全体员工的共同努力、合力做功，把小米变成一家更伟大的公司。

Part 第九章 09

熵减法则：德西效应

我们都听过胡萝卜加大棒的原理，本章我们将讨论一个关于内、外部动机的话题。内部动机和外部动机是怎么回事？有什么区别？到底哪种动机更能让我们产生长久的克服熵增做功的动力呢？

第一节　报酬越高，兴趣越小

报酬与兴趣的悖论

德西效应的发现者爱德华·德西是罗切斯特大学心理学荣誉教授，曾经担任学校人类动机研究项目的主任，并且在一项基于引用率与获奖情况的评选中，被评为当代最杰出的200位心理学家之一。

自1970年以来，德西不仅在人类内在动机、外在动机以及基本心理需求等领域展开了十分深入的研究，而且还与另一位心理学研究者理查德·瑞安共同创建了名为自我决定论（Self-Determination Theory）的动机理论学说。自我决定论不仅构建了研究人类动机和人格的宏观框架，而且指出了满足个体对自主权、胜任感与社交关联所需要的环境条件，更好地强化人们在内部动力、创新创造力和提升本身幸福感、工作绩效方面的应用。

爱德华·德西博士所创立的理论体系目前已经在教育、医疗、职场、育儿和体育等领域得到了运用，著作有《自控力》

《游戏化思维》《上瘾》《精进：如何成为一个很厉害的人》等，德西博士的德西效应被广泛地引用。

1970年，爱德华·德西博士做过一个实验，实验人员安排两组学生玩一个趣味立体积木的拼图。这个实验共分为3天，每天的实验中，被试者都会被要求做4个积木图纸，不过在玩到第2个图纸时，实验人员会假装离开房间，并且在离开前对这些学生说："你们可以继续玩，也可以看摆放在房间里的杂志。"说完，就跑到实验房间的外面，通过单面镜观察这些受试者。

第一天，两组成员由于是随机分配的，因此观察时并没有看到两者有什么区别。第二天，在另一组不知情的情况下，实验人员对其中的一组给予了1美元奖励，这让奖励组比没有拿到奖励的小组多玩了5分钟积木。第三天，不再对任何小组进行奖励，此时，差异显现出来了：前一天获得奖励的小组玩积木的时间变短了；而自始至终没有获得过奖励的小组，玩积木的时间反而更长了。

德西博士通过实验发现，在一些情况下，个体在外部动机和内部动机兼得的时候，不仅不会增强工作动机，反而会让动机减弱，这就被称为德西效应。德西效应表明，如果一项活动是能让人愉快的（存在内部动机），那就不要提供物质刺激（外部动机），否则在人们的心中，这项活动的吸引力就降低了。

类似的实验在1973年再次被验证了一遍。当时，耶鲁大学有一位研究人类动机的研究者马克·莱帕，他的受试者是一些小孩子，这些小孩被分为A、B、C三组：

A组为被告知有奖励组：这些孩子被明确告知，待会儿他们只要按照要求来画画，就能得到一张精美的小卡片。

B组为无奖励组：这组孩子什么奖励都没有。

C组为未被告知有奖励组：这组的孩子是不知道之后会有奖励的，而在最后实验人员会给予他们意外的惊喜。

这个实验被分成了两个步骤，第一步骤和第二步骤都是让孩子画画，只是A组和C组的这两个步骤中间隔着一次奖励。现在你可以先来猜一下，哪一组孩子对绘画更感兴趣?

结果是这样的：

A组：第一次感兴趣的人数为18人，但第二次迅速减少至9人。

B组：第一次感兴趣的人数为15人，第二次迅速增加至17人。

C组：第一次感兴趣的人数为18人，第二次依旧维持在18人。

由此可见，就算是很小的孩子，如果被告知有奖励，动机也很容易从内部动机转化为外部动机。

《哈佛家训》中有一则寓言，说的是一位老人原本在郊区的居所过着与世无争的生活，但有一群顽劣的儿童打破了小区的宁静。这群熊孩子喜欢每隔一段时间就在老人家门口附近，把一只铁质的垃圾桶踢得噼啪直响，附近不少邻居无论是好言劝告还是严厉斥责都毫无效果，这些小孩子甚至还从大人的怒骂中找到了刺激，变本加厉起来。

不过老人可能是个世外高人，他要么不出招，一出招就解决了问题。老人是这么做的：他在这些孩子又一次聚在一起踢垃圾桶时，缓缓地拿着一沓钞票走到他们跟前，孩子们本来以为又是一个劝他们别踢垃圾桶的大人换着法儿来劝诫他们，却没想到老人开始发钱了。

“每人5块钱，人人有份，我就喜欢听垃圾桶被踢的声音，希望你们天天来。”老人说。这些孩子乐坏了，不仅可以踢垃圾桶找乐子，还能拿到奖励，简直就是一举两得。

第二天，孩子们如期而至，他们一边踢垃圾桶，一边等老人过来。果然老人又带着钱走过来了，但这次老人只给每人准备了1元钱。孩子们的心里多少有点儿失望，就连踢的力道都变轻了不少。

第三天，孩子们踢了很久，老人才出来，老人这次准备的奖励更少了，每人只发了5毛钱。孩子们气坏了，觉得老人简直就是在剥削他们，他们踢得那么辛苦才只挣到5毛钱。从此以后，孩子们再也没在这附近出现过。

这个故事你也许听过，可能你觉得这是近代心理学发展起来后才有的心理技术，但你恐怕不知道，类似的寓言早在犹太故事里就有了。只不过老人变成了一个被人嘲弄的犹太裁缝，孩子们则变成了地痞的角色，犹太裁缝用类似的方法化解了地痞的骚扰。

老人和犹太故事里裁缝的行动之所以起了效果，其中的关键变量正是原本寻找乐趣的内部动机被转化成了外部动机。外部动机短期内有效，不过随着外部动机物的减少，它的动机能量就会逐渐减少，直到最后趋向于零。

外部动机的失效

外部动机是一种行动外的奖励，而且通常发生在行动发生之后。比如，小时候只要考试考到100分，父母就承诺给你50～100元的零花钱，这就是典型的外部动机。但这种奖励的方式不仅在直觉上给人不靠谱的感觉，而且由于奖励考核的对象只针对结果，这就让“聪明人”开始走捷径，一些孩子因此学会了篡改分数，来骗取父母的欢心，把零花钱搞到手。

而等到成年后，企业KPI通常也只针对结果做考核。比如在传统制造业，部分工厂曾经采取计件制作为分发奖金的KPI。但在现实工作中，存在费时费力的活儿和简单易操作、容易被领导看见的活儿。这就又导致“聪明人”开始走捷径，设法“巧妙”地利用规则，和同事去争夺那些简单的工作来做。于是，“老实人吃亏”就变成了一种常见现象。

同样的情况也出现在销售类岗位中。销售员为了订单成交，总是倾向于“过度承诺”客户，因为销售员在销售成交后通常都可以从中赚取一定百分比的佣金，而发生客诉所产生的负面效应则是客户服务部门的工作职责。因此，在类似外部动机的作用下，销售员/保险推销员/售楼经理等以提成为主要收入来源的工作岗位可能给普通大众一种夸大其词的感觉。

除此之外，就算外部动机的机制被设计得天衣无缝，在一切路径上堵住了相关利益者的“捷径”，外部动机仍旧无法成为一个源源不断输送行动动力、来激励个体产生持久行动的动力。

这又是为什么呢？我们来做一个假设，如果老人或者裁缝始终维持最开始的奖励给孩子和地痞，会发生什么事情呢？答案是孩子和地痞会把这项行为最终变成“工作”，奖励变成了“工资”，而人们对于“工资”的期望可不是维持，因为人人都期望“加薪”。

是的，在相同的外部动机下，人们对于外部动机会出现一种“边际效益递减”的现象，这是经济学中的一种常见现象，这种现象会导致人们虽然获得了相同的外部动机，但感受到的心理效用却在不断降低。

想象一下，当你饥肠辘辘时，吃上第一串新鲜出炉的烧烤牛羊肉时，是不是让你感觉垂涎欲滴、食欲大增？但吃到第19串的时候，是不是就无法再体验到第一口烤肉嚼进嘴里时，孜然的香味和肥瘦相间的五花肉带给你的味蕾上的欢悦？

所以，外部动机有它的局限性，随着边际效益递减的作用，当外部动机所产生的心理效用已无法产生足以推动行动的动机时，行动原理模型B=MAT等式右边部分的因子M（Motivation，动机）就变成了0，此时，等式左边的B（Behavior，行动）自然也就等于0了。

内部动机作为外部动机的对照驱动力，有两种作用是外部动机所无法企及的。

首先，内部动机是一种原动力，它能让人更愉悦。因为内部动机所唤醒和驱动的是人们内在的动力机制，而这种内在动力机制所产生的愉悦感并非源于行动之外，而是源于行动本身。

每个人都有不同的内部动机行动所属的领域，比如咖啡大师在调制一杯花式拿铁时，他的眼睛和手腕会形成天衣无缝的配合，在行云流水之间，一杯香醇扑鼻、杯面绽放着由细密奶泡拉制而成的精美花纹的花式咖啡便出现在你的眼前，而咖啡大师则又开始享受制作下一杯卡布奇诺的过程。

同样，现在短视频领域很多博主通过剪辑一部90～120分钟的电影，加上自己的配音，变成一部只有7～12分钟的电影解说，这项剪辑制作过程本身就能给他们带来内部动机，同时，其中的某些作品还可以意外地引来百万点赞、数千评论喝彩的反馈，这反过来又增强了博主们的内部动机。

而对于喜欢“学习”的人来说，学习本身也是一种莫大的乐趣，比如你为什么会对一本叫《熵增定律》的书感兴趣，又为什么会看到这里，因为学习真实世界的未知知识本身，就能给你带来美好的享受。

其次，内部动机能让人表现得更好。心理学家特蕾莎·阿马比尔做过一项实验。她先让一组随机分配的幼儿，通过外部动机，以控制他们的方式来要求绘画；同时又以内部动机，以自驱的方式鼓励另一组幼儿画画。在实验结束后，她把两组小孩的画作混在一起让6位评委进行评分。

结果发现，比起外部控制的方式，通过更强的内部动机来画画的孩子们，不仅使用的颜色丰富多彩，设计感和创新性也更强。显然，被内部动机持续激励的人不仅体验会更好，而且也更可能创作出令人惊叹的作品。

这个现象之所以会发生，是因为外部动机让人更期待的奖励物是行动结束后，他人给予的奖赏；而内部动机的奖励来源则是行动本身，所以参与者更容易因为行动本身带来的乐趣投入更多的时间、倾注更多的心力。所以，内部动机让人们表现得更好也就不足为奇了。理解了内部动机的益处，到底怎样才能让人产生内部动机呢?

内部动机的三大要素

在德西教授的研究中，总共发现三种影响一个人产生内部动机的重要因素，这三个要素分别是：自主权、胜任感和社交关联，下面让我们来详细了解。

要素一：自主权——选择带来内部动机。

德西博士一个朋友的姑妈患有高血压。众所周知，高血压是离不开药物的慢性病，但这位姑妈就是不愿意好好吃药，结果到后来经常出现胸痛、中风甚至晕厥的症状，接着就被送到了急诊室。医生一再和她强调，如果你再不每天早上按时吃药，可能下次更可怕的后果就要发生了。

几年后，当德西博士再次遇到朋友时，问起了他的姑妈，没想到姑妈竟然好多了，而且一直坚持服药。到底是什么让姑妈有了那么大的改变，是对于更可怕后果的恐惧吗？显然并非如此。

那次事件过后，姑妈并没有每天早晨按时吃药，但后来她换了一位医生，姑妈很喜欢这位医生，这位医生做了一件在许多资深医生看来无用的事情：新医生和姑妈谈了许多关于药物的话题，其中就包括询问姑妈，她觉得一天里什么时候服药最合适？姑妈想了想，然后说，她感觉晚上服药不错，因为晚上上床睡觉前她喜欢喝一杯安睡牛奶，就着牛奶来服药，她觉得挺好。

新医生同意了姑妈的方案，让她在服药时间上有了自主权。当然，有些药物并不适合用牛奶送服，但这款高血压药物不在此列，而且无论是早上服药还是晚上服药根本对药效没有太大的影响。但恰恰是因为医生给了姑妈选择的权力，让姑妈感觉自己有了自主权，姑妈的内在动机便增强了——因为这个行动是她自己提出来的，所以这个来自内部的奖励要素，让姑妈持续不断地在晚上睡觉前，使用她习惯的牛奶来服用高血压药物。

同样的道理，你知道为什么中国古代的谋士，在给主公出谋划策的时候，通常要给出上策、中策和下策吗？“中策”和“下策”从名字上看来就没有“上策”好，但谋士为什么还要准备它们，并且一定要把详细的细节说出来让主公做选择呢？

没错，其中关键的要素正是自主权。主公只有在多个选项中自己来选取一个方案，再让下属去执行，才能获得内部动机，让他觉得这个选择是自己做的。

很多有经验的上司也会让下属拥有自主权的感觉，他们会在会议上把所有需要做的事情罗列成一张表格，然后让下属自己主动站出来认领任务。如此一来，这些任务虽然不得不做，但由于不是上司硬派给自己的，而是自己主动领取的，所以在具体执行的过程中就不会产生太多的阻碍，完成任务的过程就会从外部的压力驱动、外部动机转化为内在驱动、内部动机了。

要素二：胜任感——成功是成功之母。

刘润老师不仅是中国商业咨询界的翘楚，在写作方面更是一位大家，早在2006年移动互联网还没兴起时，刘润老师的一篇《月入8000的出租车司机，给我上了一堂MBA课》便刷爆了整个互联网，我一直很好奇，在他成长的过程中，是什么机缘造就了他的胜任感，从而训练出如今无与伦比的写作能力的呢？

2019年年初，刘润老师的专栏《商业洞察力30讲》向我们揭示了答案：在他读小学的时候，少年刘润偶然在报纸上读了一篇名为《我的十岁生日》的文章，于是，他也心血来潮写了一篇。为了不让这篇成品“浪费”，他把文章交给了当时的语文老师。没想到，语文老师不仅大加赞赏，而且还在语文课上把这篇文章当作范文朗读了一遍。

根据刘润老师自己的描述，他感觉自己仿佛“吃了5个鸡腿、10个冰激凌”——少年刘润就这样找到了写作的乐趣，产生了强有力的内部动机。接下来，神奇的连锁反应发生了。因为写作有乐趣，他在写作这项活动中就获取了“胜任感”，这种“胜任”带给大脑的愉悦促使他经常写作，而经常写作的行动无疑又让他的写作水平越来越高，而他关于写作的“胜任感”自然也就越来越强烈……

截至2019年5月，专栏《商业洞察力30讲》发布时，刘润老师已经出版了18本书，并且还制作了两门累计有38万学员付费参加的商学课程《五分钟商学院》，其中包括了600多节高质量内容的课程。

所以，“我能做到”是贯穿胜任感驱动内部动机的核心要素。

胜任感是人们感觉自己有足够的能力从事某一项行为，并且还能取得不错结果的自我认知。在胜任感的驱动下，人们就会对这件事感兴趣，会对做这件事情进行刻意练习。

人格心理学家罗伯特·怀特曾经指出，胜任是人们渴望在与自身环境交互时感到强烈高效的感觉，它是人类的一种需求。尤其当我们刚刚从学校毕业，踏上第一个陌生的工作岗位后，工资是一个月以后才会发下来的外部动机，而此时此刻，想要快速学习、适应新环境、赶紧学会这个岗位所需要的工作技能则是胜任感激发内部动机的强烈动力。

与之类似的还有工作几年之后，不少人对于踏上管理岗的渴望，同样能让人逐步获得胜任感。因为自己曾经在过去的数年中做出了一些成绩，感到自己对于这份工作的胜任，于是期望能被赋予更大的责任，不再只是个人贡献，而是带领整个团队一起去定目标、抓过程、拿结果。正是因为有了这样的信念，在日常平级以及跨部门的互动中，在项目执行的过程中，个人发挥影响力后获得了胜任感，这就促使他们在接下来的工作中去挑重担，以获得更多胜任感，并一步步真正走向管理岗。

没错，正是这种胜任感，让“这一次成功”不断地影响“下一次成功”，让人产生源源不断的内部动机，驱动自己去挑战下一个更困难、更艰巨的目标。

要素三：社交关联——归属感下的动机增强。

2011年，心理学家沃尔特想要测试归属感和促使人们变得能持之以恒之间的关系，于是他把学龄前的孩子分成3组，让他们单独待在一个房间里，去完成一个颇具挑战性的拼图游戏。

第一组只是拿到拼图，然后就让他们进房间挑战了。

第二组不仅拿到拼图，而且分别给他们都穿了一件写着数字3的衬衫，并且对每个小朋友说：“你好，3号小朋友，你的任务是做拼图，加油哦！”

第三组的小朋友和第二组略有区别，沃尔特让他们拿好拼图后穿上蓝色衬衫，然后也对每个小朋友说：“你好，蓝色小组小朋友，你们组的任务是做拼图，加油哦！”

虽然这些小孩子都是一个人进行拼图的，但第三组小朋友们知道自己是“蓝色拼图组”，这就让他们坚持了比第一组和第二组长40%的时间，而且就算这些小孩子一次也没有见过其他组员，但只是知道自己是“蓝色拼图组”就够了，单凭这一点，就能让他们坚持下去。

2012年，心理学家斯宾塞的研究和“蓝色拼图组”的实验有异曲同工之妙，只不过这次从幼童换成了成年人。这次实验分成两组，他们都要去挑战一道很难的数学题。

第一组的被试者在胸前贴着“解题人”的贴纸；而第二组贴的则是“解题组”。结果你可能已经猜到了，只是因为一个称呼的变化，“解题组”们就比“解题人”们坚持了更长的时间。

2013年，仍旧是偏好用小孩子做心理实验的沃尔特，再次拿出了他的实验道具拼图，继续让小朋友们独自在被隔开的房间里玩拼图游戏。

这一次，他对第一组的孩子们说：“你好，小朋友，你会和另一位小朋友‘轮流’完成这幅拼图，加油哦！”然后对第二组的孩子们这样说：“你好，小朋友，你会和另一位小朋友‘合作’完成拼图，你们加油哦！”

在这次实验中，认为是和别的小孩子“合作”的受试者不仅坚持的时间要更长，而且还对这幅拼图表现出格外喜爱的情感。

你刚才所看到的三个实验无不表明，在归属感的影响下，无论是成年人还是儿童，内部动机都增强了。难怪时至今日，有一句话依旧在网络上流行，听到的人也无不感受到这句话的力量，驱使我们去做富有挑战性和艰难的事情。这句话就是：“你，不是一个人在战斗！”

第二节　科学激发内部动机

激发自我的内部动机

想要在现实生活中激发起他人或者自己的内部动机，也有路径可循，即给予自主权、设计胜任感以及引导社交关联。

给予自主权：比如一个年轻人想要和自己的伴侣在周末一起打扫房间，他应该怎么做才不会引起对方的反感呢？两人可以把需要做的事项一一列成清单，然后轮流挑选其中的事项来执行。

在职场中，能让员工产生内部动机的方式是由上司和员工共同制订个人目标。比如在字节跳动，创始人张一鸣的OKR对内是公开透明的，那么他的下一级就能根据张一鸣的KR（Key Result，关键结果）来自主设定自己的O（Object，目标）和KR；如此层层递延，最基层的员工也能根据自己上司的KR来自主制订自己的目标和关键结果。

设计胜任感：《微习惯》的作者斯蒂芬·盖斯曾经提议，如果想要让自己养成每天做俯卧撑的习惯，就不要给自己设定每天完成50个俯卧撑这种会导致巨大压力的目标。盖斯认为，每天最佳的目标应该是一个俯卧撑。

为什么最佳目标是一个俯卧撑呢？因为把一个俯卧撑作为目标很容易实现，大脑还没有产生抗拒的感觉，一个俯卧撑就已经做完了。此时如果还有余力，完全可以依靠惯性多做几个、十几个，甚至更多；而且由于每天都能顺利完成任务，那么这种对于完成任务的胜任感就不容易被破坏，之后每天往上加一个俯卧撑也会十分容易。同样的方法也适用于每天读1页书，或者写20个字。

另一种设计胜任感的方式是“土豆累死了”（To do list）。很多以“To do list”作为每日工作习惯的职场人士坦言，每当他们在一天结束前，看到自己“To do list”上的事项都被完成了，一种由内而外的成就感和胜任感就会从心底产生，这种成就感和胜任感会把他们带入下一个循环，在每天的日拱一卒中持续精进。

引导社交关联：如果你参加过拓展类活动，会知道在活动刚开始时都会有组队的仪式，根据人数的不同可能会以8～12人为一组，分成3～5个小组。小组成立后，要选出一个队长、一个宣传委员，然后为自己的队伍起一个队名，一起想出一个小组口号。

这样做的意图很明显，因为组织方希望8～12人的小队因队名、队长的指挥、宣传委员带领大家一起策划口号、一起凹造型摆拍小队队形来产生归属感，而产生归属感后，在接下来2～3

天的拓展活动中就会更投入，产生更好的效果了。

保护内部动机

除了激发他人或自己的内部动机外，在真实世界中，也要有意识地去保护内部动机。

根据德西效应，个体在外部动机和内部动机兼得的时候，不仅不会增强工作动机，反而会让动机减弱。而且如果一项活动能让人愉快，那就不要再提供物质刺激，否则在人们的心中，这项活动的吸引力就降低了。

事实上，许多公司已经看到各级管理层为了完成KPI而变得短视，他们为了完成今年的目标，不惜在年底把原本稀缺的刚性产品打折以求得迅速回款，不惜为了完成短期目标而把人力、物力从长期项目中调拨出来，去做一些饮鸩止渴的事情。

正是看到了KPI对人们内部动机的危害，一些正在崛起的公司已经迅速调整了策略，去保护员工的内部动机。比如罗振宇创办的公司，没有KPI，而是用OKR来指引公司前进的方向。

那对个人来说，要如何保护自己的内部动机呢？虽然很难，但如果观察那些成功保护了自己内部动机并取得巨大成就的人，就一定可以得到启发。

比如刘慈欣，在2006～2010年写成《三体》前，他是山西娘子关发电厂的计算机工程师。作为工程师，拿工资是外部动机，而从1989年起开始连续创作科幻小说则是他的内部动机。虽然从20世纪90年代初他就开始向《科幻世界》投稿，但直到1999年才首次凭借《爱上她的眼睛》获得中国科幻银河奖一等奖，崭露头角。次年，又以《流浪地球》获特等奖。2011年10月21日，刘慈欣被选为阳泉市作协副主席；2016年3月4日当选为山西省作协副主席；2016年10月成为中国“火星大使”；2018年11月8日被授予克拉克想象力服务社会奖，以表彰刘慈欣在科幻小说创作领域的贡献。

正所谓十年磨一剑，人们看到了刘慈欣磨剑，并没有看到“磨剑”这个动作背后的内部动机。那么，到底什么才是他的内部动机呢？

答案是：找到自己一直愿意做的一件事，奉行长期主义。也就是可以每天、每周持续做这件事情，每天的任务量不必太多，但一直坚持，从不停下。

是的，正因这件事情是你自己选择去做的，你充分给了自己“自主权”；正因这件事情随着你的时间投入会越做越好，你给了自己“胜任感”；正因这件事情你持续不断地做，做出了一定的成就，让你获得了一个个具备社交关联的归属感标签。

正是在“自主权”“胜任感”“社交关联”的作用下，你的内部动机不仅会被保护好，而且还会越来越强。

《魔兽世界》的激励模式

游戏的生命周期是很短的，一部游戏如果能“活”5年，生命就已经很长了，但《魔兽世界》无疑是个例外。从2005年至今（2020年），《魔兽世界》已经存在超过15年了。网上有个段子说：刚玩《魔兽》，自己还是（大）学生，现在，连自己的娃儿都是（小）学生了。

《魔兽世界》作为一款长寿的游戏，其游戏机制居然包括了产生内部动机的三个重要因素。

自主权：从游戏开始，《魔兽世界》会让你选择种族和职业。

无论是种族还是职业，甚至是性别、体型、发色、长相，都给玩家以自主选择的空间，激励玩家产生游戏的内部动机。

胜任感：如果一款游戏，刚开始玩了不到1分钟就失败了，而且还会反复失败，在同一个地方失败，你是否立刻就想退缩，从此再也没有勇气启动这款游戏了呢？

是的，在红白机时代，无论是《超级玛丽》《魂斗罗》，还是《绿色军团》，都不是那么友好，这种不友好无法让玩家产生胜任感，阻挡了无数玩家参与游戏。

《魔兽世界》则完全不同，不仅在新手村的怪物很脆弱，三下五除二就能解决，而且一开始玩家的技能也很少，不会因为界面太复杂而吓退一大批用户。

在初期的游戏体验中，游戏设计团队完全从一个小白用户出发，恰到好处地为每一名玩家提供了胜任感，这让玩家们在虚拟游戏的世界中乐此不疲，吸引了一大批玩家的加入。

社交关联：角色进入主城后，玩家只要经过简单的操作就能建立一个公会，公会可以招募更多单人玩家加入组织当中。通过组织最多可达40人的团队副本，公会相约每周固定时间前往，推倒boss，获取高级装备，完成团队任务。

除了公会归属感，《魔兽世界》还特地安排了联盟和部落两大阵营，让选择不同种族的玩家团结一心、同仇敌忾；无论是在野外联合所有阵营伙伴，还是组织击杀敌对阵营的首脑，都能产生强烈的阵营归属感。

甚至在特定的时刻，还可以联合整个服务器里的所有玩家共同完成世界任务。看到最后一个任务被上交，世界任务被完成，崭新的冒险又缓缓开启……

难怪2016年《魔兽世界》电影在全球上映时，很多老玩家看后都热泪盈眶，在电影院里久久不能自已。

Part 第十章 10

熵减法则：霍桑效应

想知道一种单单靠观察、靠看见就能提高人们克服熵增努力做功的方法吗？一起来学习这种神奇的心理学效应——霍桑效应吧。

第一节　我们渴望被关注

我们都想展现更好的自己

你见过喜欢在朋友圈里晒自拍的朋友吗？你见过朋友圈里的“晒娃狂魔”吗？你见过平时不怎么发朋友圈，但一旦去国外旅游，就忍不住晒旅行风景的人吗？他们为什么频繁发朋友圈？为什么连一向低调的人在某些特定的时候都无法避免？

我们拿出行为原理模型B=MAT，就可以看到，发朋友圈的行为是由强烈的动机造成的，这个动机本质上就在于“每个人都有把更好的自己呈现在众人眼前的心理倾向”，而且发朋友圈也很容易，不需要什么额外的能力，所以一遇到自拍、给孩子拍照片、前往陌生的异国他乡这些触发情景时，等式右边的三项因子都具备，发朋友圈的行为就发生了。

没错，正是因为人们从内心深处都希望一个更好的自己被看见，这才让一向低调的人在他乡旅行时，都忍不住发一回朋友圈。你可能会说：“不对啊，我认识的一些领导，他们就不太爱发朋友圈，这又是什么道理？”

事实上，这些领导并不是不爱“被看见”，而是因为发朋友圈只是满足“被看见”这类需求的一种形式，而他们早已在企业里、在大大小小的会议中满足了“被看见”的需求，所以你才会看到许多领导的朋友圈并没有多少“晒”的内容。还存有一个可能，那就是发朋友圈给这位领导带来的麻烦超过了发朋友圈所带来的“被看见”的精神满足，这就让他发朋友圈行动的动机降到了零点；也或许他发朋友圈设置了“部分可见”，你只是看不见而已。

上面说到的这些生活行为就与我们接下来要讲的霍桑效应有关。霍桑效应的关键词是“看见”，见自己、见天地、见众生。让自己被看见，激发自身动力；让天地法则中的心理学效应被呈现，并被更先进的管理工具驾驭，使上下同欲，达成组织目标；让众生也被更多众生看见，创造出惠及更多人的价值。

霍桑效应的发现者梅奥出生于澳大利亚的阿德莱德，1900年，梅奥在阿德莱德大学获得了逻辑学和哲学双硕士学位，之后前往昆士兰大学讲授逻辑学、哲学和伦理学。其间，他于1933年撰写出版了《工业文明的人类问题》，揭示了工人心理、态度和动机的产生以及与管理者之间的紧密联系；1945年出版了《工业文明的社会问题》，更深入地讨论了工业生产中的该项话题。

梅奥的发现和著作，标志着西方管理思想从之前的科学管理理论，开始进入了行为科学管理理论的阶段。

梅奥曾经于1924—1933年在美国芝加哥一家名叫霍桑的电气公司进行了一系列的实验研究。他想要了解人们所处的工作条件和生产效率之间是否存在一定的因果或相关联系，却没想到发现了霍桑效应这个神奇的心理学现象。这是怎么一回事儿呢？在梅奥的整个研究过程中，有三个实验非常著名。

第一个实验是照明实验。梅奥教授假设，工厂里的照明强度会提高生产效率。于是实验人员就安排了“实验组”和“对照组”，实验组人员会改变工作环境中的照明强度，而“对照组”的照明强度始终不变。但实验结果让梅奥教授及其团队十分困惑，因为无论如何改变照明强度，除非是变得过于昏暗，让人看不清楚；又或者是过于明亮，让人连眼睛都睁不开，否则两组的产量基本上都等量地上升了。结果发现，照明和效率并没有相关性，于是梅奥教授不得不做出另一个假设，进行下一场实验。

第二个实验是福利实验。在第二个实验中，梅奥教授假想“福利”和效率应该有强相关。于是实验人员选定一个实验组在单独房间里从事组装电器的工作，同时配套以缩短工作时长、延长休息时间，并且还免费提供下午茶等诸多福利，这些举措都使效率提高了。不过让人奇怪的是，两个月后，当以上福利都取消后，效率依旧在继续上升。显然，福利因素也不是主要相关因素，接下来实验人员又开始着手进行第三项实验。

第三个实验是访谈实验。梅奥教授安排了对霍桑公司所有员工的访谈，这次谈话涉及2万多人，并且规定实验人员务必做到多听少说，让工人畅所欲言。没想到访谈实验效果显著，工厂效率再次获得大幅度提升。

以上三个实验都试图从不同的变量因子里去找到变量和工作效率之间的联系，但似乎又都没找准。但从三个实验来看，其实它们之间本身就有一定的联系，无论是“照明实验”也好，“福利实验”抑或“访谈实验”也罢，这些受试对象本身都意识到自己在“被关注”。

最后，梅奥教授恍然大悟，原来“被关注”才是这些变量因子的共性，所以，梅奥教授定义的所谓霍桑效应，就是当人们一旦意识到自己在“被关注”“被观察”，或者“被看见”的时候，会刻意地改变自己的行为举止、语言表达，当然，也包括让自己的工作效率提升。

这并不难理解。想象一下，你坐在公司的工位上办公，旁边有一些同事懒洋洋地靠在椅子上，如果此时有人在群里大吼一声，说：“大领导马上要来视察办公室！”你猜这些人会如何反应？会不会有人赶紧从椅子上“弹”起来；甚至有些人可能还会立刻开始整理办公桌，让桌子上摆放的办公用品看上去整整齐齐呢?

不错，这就是霍桑效应，在可能的情况下，人们都希望在被“看见”的时候，展现出一个更好的自己。

第二个心理现象

以上我们讨论的有关“被看见”的部分，是霍桑效应这个心理学效应在人们心中一部分的认知。在第一阶段中，人们通过“被看见”就能激发出源源不断克服熵增做功的动力，展现出一个更好的自己。不过，霍桑效应其实还有第二阶段，因为梅奥教授还在霍桑公司做了第四个实验，叫作“群体实验”。

在这个实验中，霍桑教授挑选了14名男性职工，包括9名烧线工人和3名焊接工人以及2名质检工人在一个单独房间里工作。实验人员和他们说，请他们全力工作，因为按照计件工资制，每个人都可以多劳多得。

根据之前的结论，人们“被看见”的时候应该会激发出本身的动力机制，让工人们的工作效率提高。可是，万万没想到的事情发生了，这些人的效率竟然只维持在中等偏上一点点的水平。实验人员还明显看到，离下班时间还有好一会儿，工人们居然就开始停下来磨洋工，不再干活儿了。

这是怎么回事呢？说好的只要“被看见”就能激发内在动力，克服熵增做功呢？经过旁敲侧击，实验人员发现：原来14个工人早已达成了共识，互相约定好，谁都不能少干，否则大家都要挨批；但谁也不可以多干，否则到时候标准就要被提高了。

所以你看，任何事物发展到一定程度就必然会有两面性，霍桑效应也不例外。这个情况揭示了霍桑效应的另一个心理现象：在一个团体中，非正式组织的共同利益，而不是个人能力或组织的正式目标，是影响效率最核心的因素。

如何才能打破这种非正式组织的共同利益，让每个人都能发挥出自己的实力，又不会因为指标被抬高而感到“吃亏”呢？

这是一个普遍的难题，但并非无法解决。很显然，在非正式组织的共同利益中，有一个关键要素在起作用，那就是“担心指标被提高”，而这个“指标”不就是我们熟悉的KPI吗？

传统公司在制订KPI的时候，经常会面临的是管理层和执行层针尖对麦芒的KPI博弈，而在沟通场景中，执行层往往是弱势的一方，很难在当场为己方争取到足够的话语权。但无论是国内还是国外，上面有政策，下面可能就会有对策。这种“非正式组织的共同利益”而产生的霍桑效应第二部分的内容，不就是在KPI体系多方博弈下的对策吗？

而更先进的OKR则不存在这个烦恼，因为OKR的KR，即关键结果，是一个只能有50%把握可以完成的指标。如果定低了但又做到了，或者哪怕做了90%，也会被认为进取心不足。因此，管理层和执行层共同制订OKR就会和制订KPI完全不一样。正所谓“上下同欲者胜”，通过OKR这个先进工具，就有机会规避霍桑效应在“非正式组织的共同利益”所带来的目标不一致性，让所有人力往一处使，共同推进组织目标的完成。

第二节 越被关注，越优秀

快手的崛起

作为一个国民级的短视频社区，快手软件以“在这里，看到真实有趣的世界，找到自己感兴趣的人，也可以让世界发现真实有趣的自己”为口号，让无数三四线城市的小镇青年第一次被整个世界看到。而且通过产品设计，快手软件还通过不停地反馈，使用诸如播放量、点赞数、转发数等数据，来激励他们持续做功，生产让粉丝喜欢的内容，继而让真实有趣的自己被更多的人看见。

比如某个用户是一个只有初中学历的32岁青年，以前他在工地上打工，自称30岁前“人生全是低谷”。到了2017年，他的存款也只有2.5万元，所以，他认为自己一定要设法去做一些别的尝试。

一次偶然的机会，他从发小那里听到快手软件里有许多焊工用一些废旧零件焊接出了很多可以在网上售卖的小摆件，收入也很可观。而他就很擅长焊接，精通这门手艺。

经过几天的思考，他在快手上发布了一个用扳手、贴条和2个螺帽焊接起来的电焊小蚂蚱的视频。没想到3天的时间，播放量就超过了70万。他兴奋得觉都睡不着，不停地去刷新点赞评论。之后，他用普通螺母制作了拖鞋、弹弓、手链、小船锚等多种摆件，让他只用一个多月的时间就积累了10万粉丝。对此，他很感慨，说：“我们村只有5000人，10万粉丝对我来说真是相当大的数字。”

之后，他就开始在快手上挣钱了，他的第一个“爆款产品”是螺母手链，视频一经发出，数百人添加他的微信问他怎么卖。由于产能的限制，他从早上八点半开始制作到次日凌晨1点完成打包发货，虽然第一桶金只做了7个，挣了100多元，但他却发自内心地感到喜悦。

2018年11月，他收到了第一条好评：“××出品，必属废品。”他把这句调侃语截图发上了微博，结果才一天的工夫，螺母手链又卖出了70多个。你可能觉得70多个才能挣1000多元，可要知道，这可相当于他4%的储蓄，1天就赚到了人生前半场4%的收入，能不高兴吗？

在他的商品库中，最受欢迎的是一款售价为189元的“手工原创脑瓜崩辅助器”，它是一个利用弹簧的力量，帮助中指弹出更大威力的“神器”，用来弹别人的额头会特别痛，他开玩笑说：“这款产品可以‘增进友谊’。”没想到它竟成了店里销量最高的产品之一，月销售额可以达到18000元以上，甚至他还因为这款“神器”上过微博热搜，美国《华盛顿邮报》都专门来采访过他。

到现在为止，这位用户已经在快手上拥有453万粉丝了，他的签名栏里写着：感谢快手，喜欢手工，热爱改创。在这些朴素的文字中，流露的是这个长发青年对提供自己“被看见”平台的感恩，也散发着浓浓的对于手工焊接艺术的喜爱。

除了这位青年以外，快手上类似的达人还有农民朱某，他亲手制造了一架空客A320，并得到空客公司官方的认可；有村支部书记卢某，带领一个不过百户的国家级贫困村里一群平均年龄65岁的留守老人练瑜伽；更有曾经为“梦想与面包”发愁的流浪歌手，通过快手积累300万粉丝，用更纯粹的歌声“被看见”，现在成为“站着挣钱”的民间艺人。

到目前为止，正是因为凝聚了“被看见”的力量，快手平台于2017年11月宣布注册用户数超过7亿，日活跃用户数超过1亿，进入“日活亿级俱乐部”；2019年12月15日，快手获2019中国品牌强国盛典十大年度新锐品牌；2020年5月12日，《人民日报》中国品牌发展研究院发布中国品牌发展指数之中国企业社会责任领先指数，快手排名第44名。

是的，正是因为“让每一个生活都可以被看见”的主张，快手作为一家互联网公司，自己也不断地被发现、被看见。

除了快手，还有很多互联网公司都在设法让用户“被看见”，通过这种方式实现自己的用户数和影响力的双重增长。

第一，年度清单。支付宝、豆瓣、知乎、网易云音乐、喜马拉雅等知名互联网软件在每年结束时都会为每一个用户定制一份个人年度报告。在这些报告中，系统会通过回顾你在使用这些小程序时留下的数据来为你生成这份带有你足迹的清单。

比如支付宝会为你统计你在生活日用、饮食、交通出行、通信物流、文教娱乐、服饰美容、住房缴款、运动健康中的消费金额，然后告诉你“全年消费总额”共多少元，消费水平领先了百分之多少的同龄人。最后再根据你的消费属性，生成一张最能代表你的趣味海报，让你忍不住在朋友圈里分享转发，让更多朋友“看见”自己。

第二，换脸海报。2019年国庆，人民网和腾讯以“我和我的祖国，新中国成立70周年我是亲历者”为主题，邀请用户选择自己出生的年代，再上传一张自己的正面照，通过人工智能AI的玩法，生成一张带有自己记忆烙印的海报。

比如我所选择的“80后”生成的是一个坐在椅子上、穿着米色绒线背心的青年，右手拿着一盘磁带，正准备装进一个随身听中，海报的左下角还配了一句：从歌单循环的磁带，到随心下载的数字音乐。

当时我把这张海报随手分享进朋友圈，收获了24个点赞和22条评论。随后还有一些朋友“看见”了我的分享，纷纷开始生成自己的海报，一起用这种独特的方式庆祝伟大祖国70周年华诞。

第三，早起打卡。你一定在朋友圈见过一些朋友，他们经常会在早上5点多，甚至4点多就发一张早起打卡图，图上会伴随有数千人正在参与，比百分之多少的人起得早，已连续n天早起，今日早起时间为几点几分，等等信息。打卡图的下方通常是一句金句，比如，成长，不在于懂得多少，而在于改变多少；苦练七十二变，笑对八十一难。

这些产品满足的是一些期望通过早起来改变自己，之后再通过利用这段不被打扰的早起时间，在某个方向上来做刻意练习的人。以前他们可能没有早起的动力，但正是由于早起打卡让更多人“看见”了自己的早起，看见了自己连续n天早起的坚持，才让这些用户既能满足“被看见”的需求，还能真正收获早起给自己带来的益处。

看见别人

既然每个人都有期待“被看见”的需求，那么谁能通过“润物细无声”的方式，让他人在没有负担的情况下满足这个需求，谁就是能灵活运用霍桑效应，在聊天这件小事上最会克服熵增做功，拉近彼此关系的人。

假设在面试场景中，如果你能取得面试官的好感，那你在同等水平下，拿下这份Offer的概率是否就会比其他竞争者大上不止一点半点呢？但关键的问题来了，如何才能赢得面试官的好感呢？

如果你有一定的面试经验，就会了解面试的最后环节通常都有一道必考题，题目是：你还有什么问题吗？懂得霍桑效应的面试者一定不会错过这么好的机会，他们通常会选择这么说："您好，我知道如果我面试成功的话，可能就是您的下属之一，作为未来的下属，也想对您有所了解，您能说说您一路走来的成功经历吗？"

通常能坐上领导岗位的人，一般都做成过不少项目，遇到过许多痛苦的卡点甚至至暗时刻，但正是因为他们突破了这些难题，取得了好的结果，才成为部门负责人。因此，当他向你回顾自己一路走来的成功经历，就相当于自己的"成功史"被你"看见"了，这既满足了面试官"被看见"的需求，同时也能让你多熟悉未来领导几分，可以说是一件一举两得的事情。

在对方讲述的过程中，如果你能有代入感地进行"同理心倾听"，即设身处地地根据对方讲述的情景用"嗯、啊、哦"等语气词，以及"后来呢"等迫不及待想知道后续情节的方式询问，真诚地表现出你听得津津有味，鼓励对方继续讲下去，那么你就很可能会给面试官留下一个你很擅长沟通的印象。

当然，以上使用霍桑效应满足面试官“被看见”需求的方式主要针对的对象是业务方面的领导，并不适合负责招聘的HR，这点务必注意。

看见自己

通过成全别人来成全自己是一个企业可以完成的壮举，那么从个人的角度来说，如何来对自己使用霍桑效应，通过让自己“被看见”，从而塑造自己的增长飞轮呢？

刘润老师再次做了一个示范。刘润老师从微软离职创业，开始成为一个商业顾问。很多人都很好奇，他为什么要去做微信公众号，因为做公众号不仅投入巨大，短期还看不到太大的收益。

如果我们只看到这一层面，就可能是没有洞察到事物的本质。刘润老师写公众号这件事情的本质是在启动一个商业顾问的增强飞轮。这是怎么一回事儿呢？

你知道作为一个顾问，最大的成本是什么吗？很多人会想：顾问一没厂房，二不需要设备，这个业务真好，只有人力成本才是最大的成本。然而，事实真是如此吗？其实，一个顾问最大的成本是交易成本，就像刘润老师自己说的那样："成功的咨询公司各有各的成功，失败的咨询只有一条：客户不相信你的能力。"

因为存在信任的问题，所以就需要去说服，而说服的时间成本、讨价还价的精力成本都是成交一个咨询客户的交易成本，当这项交易成本变得特别高的时候，一个咨询顾问又哪有时间去服务更多的客户，又哪有更多的精力去精进自己的本领，为客户产生更大的价值呢？

所以，刘润老师给自己定了一条铁律：绝不去客户现场做售前。反过来说就是：让客户自己找过来。那怎样才能实现"让客户自己找过来"呢？答案是增强自己的声誉。让更多潜在客户通过"看见"自己的公众号，认同文章的内容，让客户通过路转粉、粉丝变铁粉从而不断地增加信任感，降低交易成本。

而当服务了客户后，在诊断、提出咨询建议的过程中，刘润老师获得了更强的关于当下商业环境和企业战略选择的体验，积累了更多的学识；而这些学识则会在积累到一定程度后变成"线下培训""内容付费课程""书籍"，这些作品又能进一步增强刘润老师本身的"声誉"。

通过公众号文章增强声誉飞轮；通过声誉引来信任度高、交易成本低的客户增强学识飞轮；通过增强后的学识产生更优秀的作品，增强作品飞轮；再通过作品进一步增强声誉飞轮。一个声誉—学识—作品—声誉的增强飞轮就这样转动了起来。就像刘润老师在《商业洞察30讲》里说到的：

> 2013年11月，我写下了一本叫作《传统企业，互联网在踢门》的书，轻轻推动“声誉飞轮”；
>
> 海尔集团战略部因此来找我，签署咨询合同，推动“学识飞轮”；
>
> 然后我把咨询洞察，写成书《互联网+：战略版》，推动“作品飞轮”；
>
> 然后吴晓波老师来找我在转型大课上演讲，再次推动“声誉飞轮”；
>
> 然后，领教工坊来找我担任私董会领教，再次推动“学识飞轮”；
>
> 再然后罗振宇老师来找我做《5分钟商学院》，再次推动“作品飞轮”；
>
> ……

到今天为止，刘润老师声誉飞轮已经积累了百万粉丝；学识飞轮已带领企业家私董会长达5年；作品飞轮已经出版了18本著作和4门内容付费课程……

而注入这些飞轮起点的动力，正是“让价值被看见”！

学习了刘润老师的增长飞轮，再来和你分享我的增长飞轮。在你手上的这本《熵增定律》是我个人出版的第5本书（作品），而我“增长飞轮”观点的起点始于2015年底一篇仅600字的关于“谈判”的公众号文章。

当我的第一篇文章写完发表，被来自朋友圈里的亲朋好友“看见”后，受到了他们的反馈、鼓舞和评论，这给了我克服熵增做功的动力，让我几乎每周都非要写上一篇不可。

虽然一开始阅读量只有两位数，但写得多了，这个数字就变成了几百、几千、几万，甚至偶尔还能在今日头条和百家号上写出“50万+”的作品。在这个过程中就开始有人因为“看见”了我的文章而找我转载，邀我写文、拆书。从《青年文摘》到“凯叔讲故事”，从“十点读书”到“尹建莉父母学堂”。甚至有一天，我在私信中收到请我出版图书的邀约，一开始我还以为对方是骗子，直到对方寄来了正规的出版合同，接着一遍又一遍地打磨文稿，我才清醒地意识到，我居然实现了将自己的作品出版的梦想。

而当我的一本本图书被出版印刷制作上架后，我的声誉飞轮也开始转动起来了，声誉飞轮的增强让我接到了更多的邀约；更多的邀约让我在写书的过程中练就了内容能力；更强的内容能力又让我写出更具有竞争力的作品。回首望去，一个关于“声誉—内容能力—作品—声誉”的增强飞轮也被我无意中推动了起来。

我甚至在转动这个飞轮的过程中找到了自己的使命：要在有生之年出版50本书，将我学习到、感受到的人生智慧分享出来。而这一切仅仅始于一篇600字的短文“被看见”，也因此才有了你“看见”这本书，有了你和我在这儿的隔空对话。

是的，如果你也想转动起你的增长飞轮，也可以开始设法着手让你的价值“被看见”，这是一条被验证的道路，这更是一条值得你开始的道路。

Part 第十一章 11

熵减法则：帕累托定律

说起帕累托定律，你可能有点儿陌生，但它还有另一个名称你一定有所耳闻——“二八法则”或者“80/20法则”。帕累托定律是一个能帮助我们找到支点，如同杠杆一般，用最小能耗实现最大效率克服熵增做功的定律。虽然它十分容易理解，但真正操作起来，则需要更高维度的认知。

第一节　做20%重要的事

二八法则

帕累托定律最早由19世纪末意大利经济学家帕累托发现。一直以来，帕累托被认为是一个“独立性和好斗性强的绅士”，因为帕累托不仅多年从事学术研究，而且还曾经在企业中担任高管。他所提出的帕累托定律不仅在当时影响了无数人，即使在今天，在人力资源管理、战略投资、证券交易、个人决策等多个领域中也发挥了重要作用。

1897年，帕累托在英国人的财富与收益模式中注意到，大部分财富都流向了少数人；而且在研究其他国家的财富流动后，也发现了同样的情况。除了财富，在一家企业里，80%的利润来自20%的客户；80%的绩效由20%的优秀员工产生；甚至在一桌宴席上，80%的酒水也是由20%的嗜酒者饮用。由此便可得出帕累托定律。所谓帕累托定律，是指在任何一个组合中，占关键因素的永远只是一小部分，大约占比20%，剩下的80%虽然为多数，但都是次要的。

由于20%和80%这两个数字特别明显，因此帕累托定律也被称为二八法则。关于帕累托定律的价值，19世纪末有一个非常著名的案例。当时美国巨富之一，著名的钢铁大王卡耐基参加了一次在匹兹堡举行的酒会。在这类社会上流人士的社交酒会中，有一个商界朋友向卡耐基介绍了一位年轻人，这个年轻人就是弗雷德里克·泰勒。是的，就是那个科学管理之父泰勒。

那年泰勒34岁，虽然已经是费城一家造纸投资公司的总经理，但和卡耐基毕竟不是同一个重量级。朋友说泰勒很厉害，研究管理学很有一套。卡耐基抽着雪茄，意味深长地瞅了泰勒一眼，表示自己没听过“管理学”，但又有点儿好奇，于是就对泰勒说：“请你用一句话简单描述一下管理学，如果我觉得对我有启发，我就马上给你一万美元的支票（当时的1万美元的购买力相当于现在的30.12万美元）。”

泰勒说：“请你把下周最重要的10件事情写在一张白纸上，然后挑你觉得最重要的两件事情去做，其他8件都可以舍弃。”一周后，泰勒果然收到了来自卡耐基的那张1万美元的支票。

你看，简简单单的一句话，却能让当年站在认知顶层的商界大佬都产生那么大的启发，甚至愿意为之付出巨款作为报酬，帕累托定律的价值可见一斑。

对于一家企业来说，识别20%关键要素并不是一件容易的事情。那么个人如果要搞清楚到底应该在哪20%的关键要素上投入80%的时间，是否比企业要简单一些呢?

在我看来，个人所面临的困境没有企业那么复杂，但也并不简单。所以，如果想要识别这20%的关键要素，必须具备三种能力：极强的思考能力、超出常人的学习能力和面对未知境地的探索能力。

第一，极强的思考能力。“选择大于努力”“做正确的事”“不要用战术上的勤奋来掩盖战略上的懒惰”等脍炙人口的金句你一定都听说过，但核心的问题不是你是否理解这些金句，而是“具体该如何选择”“什么才是真正正确的事”“个人的战略应该如何制订”等问题。回答以上问题的前提条件是具备极强的思考能力，只有具备了这种能力，一个人才有洞察力去找到自己到底该如何安排时间资源、精力资源和财务资源。

第二，超出常人的学习能力。前文提到，这个时代的变化十分迅速，单单只有一种能力的专才很可能会被技术的进步淘汰或替代；而要快速地在任何一个陌生领域迅速成长为专家，甚至在很多个领域成为专家，需要具有超出常人的学习能力。

第三，面对未知境地的探索能力。如果说学习能力是对前人经验的总结提炼，并且内化成自己的本领；那么这个时代出现的大量新生事物就是让我们进入许多前无古人的“无人区”，在这些无人区里探索出有效的模式，需要的不仅仅是多领域专才，还需要是一个探险家。

当你有了这三种能力，你在践行帕累托法则时才能确保自己拿出的80%的资源投入了对的地方。

提高思考能力

前文讲过，人类是一种很容易进入路径依赖认知偏差的物种。如果你之前是一个技术工程师，很可能觉得自己会继续做一个技术工程师；如果你以前已经在培训岗位上工作了5年，那你也很可能认为自己只会做培训，甚至离开一家公司后也只会去应聘培训岗位。

因此，如果没有特殊事件出现，你可能会在很长一段时间里非常线性地持续使用单一技能做一件事情，而与此同时，这件事情对你个人来说未必是重要的20%。

美国加州学派的研究中有一个十分重要的说法叫作“内卷化”，它原本是指国家经济发展和技术水平在达到一定的状态后会发生自我锁死，并持续保持在这种低水平的境地。套用到个人身上，就是一个年轻人工作后可能会进入一段比较高速的成长期，但成长到一定水平后，也会发生“能力锁死”现象，能力一直停留在一个平台期上。

有人说，如果自己可以成为管理者，去挑战管理岗，这样不就可以突破锁死，不会陷入内卷化了吗?

这里其实就有一个重要的思考点。你接下来是准备用80%的精力努力成为一个管理者，还是把80%的精力挪作他用？我们先不讨论你的性格是否适合成为管理者，也不讨论一个公司里的管理者数量其实远小于其他各类工种，甚至不去讨论将来人工智能时代，管理者这个岗位会不会减少乃至消失。我们就假定你已经成了一个管理者，然后呢？继续成为更高等级的管理者，去追逐更少的领导位子，去博更小的概率吗?

不可否认，对于一些人来说，这的确是一条很不错的路；但在这之前，我们是否清醒和认真地询问过自己两件重要的事情:

这是社会传统意识加在自己头脑中的路径依赖，还是自己对自身深刻了解后深思熟虑的结果?

这是对自己来说特别重要的20%吗？如果不去考虑收入因素，成为管理者可以使自己每天随时进入心流、进入物我两忘的工作状态吗?

没错，当你能对自己得出结论的过程进行思考的时候，你的思考能力就有机会获得提升，你也更有机会找到对你来说真正重要的20%。

《人生算法》的作者喻颖正曾经把一个人的思考过程拆解为四个步骤。

第一步，感知。这是人脑对外界信息接收的效率。比如有些人可以感知自己性格内向，每次和其他部门做跨部门沟通时，都得做大量的心理建设，到最后只能硬着头皮上，心理压力特别大。

第二步，认知。这是对感知到的情况进行判断，并拟定好可供选择的行动计划。比如当你意识到自己并不喜欢进行跨部门沟通时，你有三个选择：选择一，把80%的精力放在努力锻炼自己的沟通能力上，毕竟这是成为管理者后每天不得不去做的事儿；选择二，把精力挪作他用，在接下来的时间里，去努力寻找自己到底对什么事情来劲儿，容易进入心流；选择三，维持原状，骑驴找马，走一步看一步。

第三步，决策。在认知阶段的几种选择里找到最优方案，并下定决心去执行最优方案。

第四步，行动。根据决策的结果，不断地去付诸实践。

喻颖正把感知、认知、决策、行动比喻成4个小人，这4个小人在进行4×100米的接力赛跑。而一个人思考能力的强弱，其实就体现在这4个小人“交棒”时刻是否出现问题，“交棒”时刻的过程其实本质上就是思考的过程。

你可能会说，你说了这么多，和提高思考能力到底有什么关系呢？

事实上，任何一种能力的提高都是刻意练习的结果。在喻颖正看来，整体的思考效果=思考质量 × 思考率。思考率是评判思考覆盖范围的指标，即一个人主动去思考的次数占4个小人交棒次数的比率。

只有当一个人在每次感知、认知、决策、行动过程中的思考率都上去了，哪怕思考质量暂时保持不变，但整体的思考效果也会上升一个台阶；更何况思考率上升后，就相当于对思考这项行为做了刻意练习，如此一来，思考质量自然也会随着思考次数和思考效果反馈次数的增加而不断上升。

当你每次都能有比较大的概率为自己交付出良好的整体思考效果之后，自然也就更容易判断出自己20%的正确方向到底在哪里，重要事件到底是什么了。

提高学习能力

我们现在身处一个VUCA的时代[Volatility（易变性），Uncertainty（不确定性），Complexity（复杂性），Ambiguity（模糊性）]，这个时代的特点就是变化特别快。比如外卖小哥、内容付费制作人、播客策划、网络主播、二次元博主等，这些都是10年、20年前并不存在的工种。

在未来，大数据喂养师、3D打印设计师、机器人训练师等都可能成为主流职业。这种瞬息万变的环境就要求每一个不愿意被时代抛弃的人拥有超出常人的学习能力。所以，正所谓“学习学习再学习”（第一个和第三个“学习”是动词，第二个“学习”是名词），现在更符合我们时代潮流的做法，并不是把80%的精力用来精进一两门具体的技术，而是把80%的精力放在如何提升学习能力这件事情上。

那么，到底要怎么做才能拥有远超常人的学习能力呢？一共分为三个步骤：

第一步，用帕累托定律的二次方提升认知。看到这里，相信你一定已经很熟悉帕累托定律了，那什么又是帕累托定律的二次方呢？怎样才能用帕累托定律的二次方提升认知呢？

我们知道，帕累托定律讲的是80%的结果来源于重要的20%；那么在此基础之上，再来一次帕累托定律，80%中80%的结果就来自20%中的20%，即64%的结果来自4%的内容。

而我们现在提升认知的途径或者是通过参加培训班，或者是收听知识付费类的内容，又或者是通过阅读图书、电子书等方式来实现。很显然，培训班的时间交付是线性的，很难只花4%的时间去了解64%的内容，更何况路上也会浪费大量的时间；而知识付费类的音频内容可以使用平行时间，让你边做其他事情的同时边学习，勉强也算高效利用时间；而读书，尤其是一些支持全文检索的电子书，可以帮助你在最短的时间迅速找到你需要学习的相关内容，真正实现只花4%的时间了解这个知识点64%左右的内容。

第二步，用知识IPO进行内化。找到了高效提升认知的方法，并不代表你能掌握这些知识。知识真正地从介质传递到我们的大脑，并且变成我们的习惯和应激反应需要靠“内化”。很多人抱怨“学了那么多道理，却依然过不好这一生”，是因为他们学习到的知识只是被眼睛看过、被耳朵听过，却没有进行真正的内化。

古典老师在《跃迁》这本书里提出了高效内化知识的方法，叫作知识IPO。

I指Input a question，即输入问题。你要学习的知识应以持续解决问题为目标。假如你转岗到一个全新未知的领域，比如营销事业部，你需要去快速了解营销领域里最前沿的内容，当下在你所处行业的营销领域遇到的高频问题是什么，有一些什么业界知名的营销案例，有没有相关案例的拆解。这种以遇到问题去设法解决问题为目标的学习方式能带给你足够的学习动机，让你在短时间里熟悉大量有关内容。

P指Problem solving，即解决问题，以整合多学科知识为手段。还是以转岗进入营销事业部为例，在寻找了一圈以后，你发现在传播学、心理学方面，存在大量解决当今问题的方法，比如拉新、留存、促活、转化的解决方案，这些林林总总的方案有很多，有些很有价值，已经帮助其他公司解决了很多类似的难题。

O指Output，即输出产品。通过咨询研发、授课整合和写作，让思想产品化。这个过程是把你在“解决问题”阶段搜集到的各类信息、知识整合起来，变成你自己相对结构化的输出物。由于你在输出产品的过程中进行了思考，并且还通过写出来的方式变成了“产品”，所以这个过程不仅能让你真正地记住在整个过程里接触到的知识，还能厘清哪些知识对解决问题可能有效，并且以后还能不断地通过翻阅回顾“产品”，复习知识。

你看，当你花80%的精力有针对性地对20%的具体问题进行研究学习，并产出自己的“产品”，你的学习速度自然就要高出身边80%的人。

第三步，躬身入局，寻求反馈。能形成一个知识的梳理并变成结构化、产品化的解决方案当然很好，但解决方案依然只是一个未经检验的假设。如果希望学习到的内容真正产生作用，你就必须躬身入局，用你的“产品”在实际工作中去做测试。

比如在营销方案中，A/B测试就是检验哪个解决方案效果更好的一种方式。例如：两张弹屏海报，都是根据损失厌恶的心理学机制设定的。其中A海报的文案是“限时7折”，B海报的文案是“7折，最后4小时”。分别随机投放到各1000个目标受众用户池里的反馈显示，B海报的文案转化率是A海报的5倍。

没错，这就是躬身入局、寻求反馈的结果，反馈的结果可以成为20%的重要方向，而且反馈还给了你足够的信心，让你有底气把你所能调动的80%的资源投入到已经被小范围验证的解决方案中去。

提高探索能力

无论是提高思考率还是锻炼超出常人的学习能力，都只是对于已知世界的探索，但我国现在已经进入移动互联网应用、5G乃至云手机等诸多连续创新的阶段，在没有了后发优势的前提下，如果你面对的是完全未接触过的业务，在这些全新的领域中，又要怎样才能找到重要的20%呢?

腾讯前副总裁吴军老师曾经做过一次分享，其核心内容是信息论中的哈夫曼编码方法在投资领域的运用。

在哈夫曼编码方法中，风险投资公司如果手里有100亿元人民币需要进行风险投资，被看上、有潜力的公司假设是1000家，那么负责人一定不会把100亿元平分给这1000家初创企业，每家1000万元，然后对他们说："我做了公平的分配，那么下面大家就各自去创业吧！"而是会把这份钱分成5份，每份20亿元。

第一轮为天使轮，风险投资会把这20亿元人民币平分给这1000家公司，平均每家分到200万元，让他们开始根据各自的商业计划书做探索。根据帕累托定律，800家公司或者由于商业模式无法闭环，或者因为其他原因，总之就自己折腾死了，结果大约有200家公司可能存活下来。

第二轮为A轮，再将第二份的20亿元平分给这200家公司，这次每家分到了1000万元。1000万元对于首轮存活下来的公司来说是一剂强心剂，但根据帕累托定律，大约160家公司又可能因为股权结构设置不合理，或者创始人之间发生矛盾等各种因素死亡，这次就只有约莫40家公司存活了下来。

第三轮为B轮，将第三份20亿元平分给这40家。在B轮，40家公司平均每家分到了5000万元。5000万听起来是一笔很可观的现金注入，但很多B轮企业在这个阶段往往不能实现正向现金流，接着帕累托定律再次发挥作用，32家公司死在了B轮，最开始的1000家大约只有8家活到了现在。

第四轮为C轮，将第四份20亿元平分给这8家，平均每家获得2.5亿元。天呐！2.5亿元，这笔钱可以帮助已经从0到1的企业实现从1到100吧！但是，从1到100的过程里充满着组织能力无法跟上业务节奏的问题，盲目扩张不仅可能导致管理混乱，而且好不容易建立起来的用户口碑、品牌信任感都有可能在一夜之间消失殆尽。接着，在帕累托定律的作用下，又有6家没有熬过C轮，而只有1～2家公司才可能已经跑出了相当的规模。

第五轮D轮通常是创业公司上市前的最后一轮，将最后的20亿元投资给这1～2家公司，支持他们做好IPO准备，直到公司成功敲钟上市。上市后，风险投资最初在这1～2家公司身上的投入，可以通过二级市场逐步退出来，而在这1～2家公司上所带来的收益，可能是数千倍乃至上万倍的回报。

好了，哈夫曼编码方法介绍完了。这种试错的赛马机制看起来好像很无脑，也很残酷，但却蕴含着大自然进化论和多次帕累托定律的自然法则。所以，无论是企业还是个人，如果面对的是一个从未有人探索过的领域，最合适也是最有效的方式之一，正是通过哈夫曼编码方法来进行各个方向有限成本的试错；然后通过试错，测试市场带来的有效反馈，接着再在反馈相对较好的地方继续进行相对更大程度的有限投入，直到在某个方向上不断探索出一条通往光明的道路。

第二节　摆脱“穷忙”困境

格力电器的突围

格力电器是一个曾经在商业史上践行帕累托定律取得巨大商业成功的典型。在千禧年前后，一句“好空调，格力造”的广告词可谓家喻户晓，从21世纪开始，“格力，掌握核心科技”更是人尽皆知。格力公司成立于1991年，仅用4年时间就在全国数百家空调生产企业中遥遥领先，在行业中市场占有率第一，并且持续拥有其王者地位。

财务数据显示，早在2016年，格力电器的营业收入就已经超过了1000亿元，净利润超过150亿，3倍于同年的商业巨头联想控股；纳税也超过130亿，连续15年位居中国家电行业纳税冠军。在如此巨大的销售收入中，格力电器虽然以电器命名，但其却长期聚焦在空调这一个产品品类上。

正如前文所说，20%的产品会创造80%的收入。而在格力电器身上，空调类产品在格力电器公司产生的数据甚至还远远不止于此。为什么一个单一的品类就能创造出如此巨大的销售收入呢？这其实和当时的市场环境有关。

1991年到1994年是空调市场体量不断高速增长的几年。因为空调这个高科技产品满足了夏天炎热天气的降温需求，而且在当时，空调还是奢侈品，不是普通老百姓能买得起的，所以当时城市里的很多居民都喜欢到附近安装有空调的商场里去“蹭空调”。20世纪90年代初期，一台单制冷的空调售价都高达大几千元，是普通居民几年的工资收入。但随着老百姓收入的增加，大家手里有了钱，于是都开始购入空调，空调成了家庭必备的几个大件之一。

而到了1994年，很多城市居民的家里都有一台空调了，而且当时很多人的住房居住面积不大，很多家庭并不需要第二台空调。因此，空调市场的增长率出现了拐点，并不再是一个急速增长的供不应求的市场了。

格力电器恰恰就是在当时整个行业增长速率放缓的情况下脱颖而出的，因为当年格力做了三件事：

空调中最核心的技术，同时也是成本最高的部件之一是空调压缩机。格力在空调压缩机上的专利能力和规模优势，让格力能持续生产出成本低、质量可靠的产品。

空调是一种很耗电的电器。格力的变频空调技术可以根据室内温度，通过空调芯片智能地让压缩机转速发生变化，以达到省电的效果。但很多使用空调的居民都有一种感觉，变频空调特别容易出现故障。正是由于格力在核心技术这件“重要事件”上投入了大量的研发成本，格力变频技术的可靠性就达到了相当高的程度。

格力的广告语占领了用户的心智。因为格力电器在早期几乎占据整个空调市场，又有“好空调，格力造”“格力，掌握核心科技”等深入人心的营销口号，这就让人们在购买空调的时候第一个就想起格力，而不是其他品牌。可见，在占据用户心智这件重要的事情上，格力也没少费功夫。

无论是有意还是无意，正是格力电器当年把80%以上的资金、精力、资源投入到了20%以内的品类上，而且恰恰在这个时间窗口中，空调品类也是一个持续增长的需求，这才让践行帕累托定律的格力电器有了巨大的成就。

找到20%重要的事

格力电器过去的成功有可能是公司管理层的眼光，也有可能带有一定的运气因素。事实上，就像我们说的，理解帕累托定律并不难，难的是如何去鉴别哪些才是真正重要的20%。如果让你穿越回去，让你成为格力电器的董事长，你会如何掌舵这家企业呢？

让我们来做一个实验，假设你突然继承了一家公司，成了该公司的CEO，那么接下来你立刻要面对的困境至少有两个。

一是公司应该在哪些项目上投入重金，进行资源倾斜，从而让这20%的项目产生80%的效益呢？

有人说，这还不简单吗？把财务报表拉出来，看现在哪些项目挣钱，延续前人的操作不就可以了吗？

在以前的工业社会，社会的变化发展相对较慢，延续前辈的做法或许可以奏效。但现在连移动互联时代才发展了仅仅10年就已经进入了下半场，已经从流量时代变成了留量时代，核心要素早已发生了变化。所以，延续走老路的做法只有死路一条。

就像当年诺基亚的高管说的：“我们什么都没做错，但是我们失败了。”是的，在这样一个VUCA时代，昨天20%的重要项目会迅速由盛转衰，连续性会越来越脆弱，因此，在哪里下“重注”需要谨慎思考。

二是公司应该重点用好哪些人，激励哪些人，继而让这20%的人才产生80%的效益呢？

又有人说，的确，“事”的状况千变万化，让人难以捉摸；但用“人”的策略应该只要看他们过去的业绩就可以了，谁过去的业绩好，就重用谁，这还不简单吗？

如果你这样认为，就很可能又把复杂的事情想简单了。每个人的能力模型不一样，而能力模型的建立需要积累，现在外界环境发生了剧烈的变化，过去有的员工业绩好是因为他的能力模型和具体业务高度匹配，而现在具体业务已经变了，就算原来在能力上已经达到了极高的境界，但到了现在，很可能原来的能力都没有发挥作用的余地了。

比如以前钢铁厂的老师傅的确是企业的核心人才，他能根据经验，仅凭肉眼就判断出钢水的温度，正负误差不超过1度；但现在有了温度探测装置，只要用测温装置扫描一下，数据显示的钢水温度正负误差可以不超过0.1度。在这类检测设备成熟后，这些钢铁行业老师傅的能力模型就瞬间崩塌，而这些老师傅所在的钢铁公司也很可能因为测温装置的出现，失去了以这类“专业人才”为护城河的竞争壁垒，继而很快失去部分市场的优势。

所以，帕累托定律虽然容易理解，但想要真正拥有一双识别20%关键要素的慧眼，在哪里重点发力，去让帕累托定律发挥出作用，是不是并不容易呢？

找到“第二曲线”

这种不容易在格力高速增长了20多年后又摆在了格力的面前。

从2018年开始，格力董事长董明珠开始做手机，进军新能源汽车，甚至成立芯片厂。帕累托法则不是要求把80%的精力用在20%的业务上吗？为什么除空调之外，格力电器还要一下子另起3条甚至更多的业务线？空调业务不吃香了吗？还是管理团队膨胀了，开始不务正业了呢？

事实上，这并不是管理团队膨胀了，反而是管理团队在焦虑，因为格力电器正在设法寻找自己的第二曲线。

什么是第二曲线？在聊这个话题之前，我们先来说说什么是第一曲线。

第一曲线这个名词出自英国管理大师查尔斯·汉迪的著作《第二曲线》，汉迪教授发现，过去的企业在倒闭之前通常能运行40年左右，而现在企业的平均寿命仅为14年。因为任何产品或者业务都“逃不开S形曲线的命运，唯一的变数仅仅是曲线的长度”。

对格力电器来说，空调业务就是格力的第一曲线，这条曲线从1991年一直延续到现在，已经有30年了。可以说，比起14年的平均寿命来说，格力电器已经相当长寿了。这得益于中国过去20多年房地产的发展，让更多居民住上更大的住房，拥有第二、第三甚至第四、第五台空调。

但空调的可使用周期很长，为5—10年；而且空调行业目前也没有看到十分明显的科技创新。虽然格力每年都在卖空调，但这条第一曲线的增长何时会迎来拐点，已经成了悬在头上的达摩克利斯之剑。

所以，除非大力拓展海外市场，比如印度、东南亚、南美、非洲等可能还有较大增长空间的国家和地区，否则，就不得不快速地寻找和探索适合格力的第二曲线、第三曲线，让第二、第三曲线的业务获得高速增长。说得极端一点，甚至再度运用帕累托定律，将80%的人力、物力投入寻找第二、第三曲线也不为过。

截至2020年，智能手机赛道的市场份额不仅已经被华为、OPPO、VIVO、小米等知名手机公司占领，而且国内的保有量也已趋向相对饱和的状态；而新能源汽车、芯片则可能是适合格力电器继续发展的第二曲线。

Part 第十二章 12

熵减法则：复利效应

这是本书的最后一章，最后一章我们要说些了不起的事情，让我们来认识一下复利效应。复利效应虽然不是由巴菲特提出的，但却被巴菲特广为推广，成了许多人追逐的方向。

第一节　人生的第一策略

最有价值的思维

复利效应并不是任何一位心理学家或经济学家提出来的，其来源可能是古印度的一个历史传说。相传古代印度有一位叫舍罕的国王，他拥有巨额的财富、至高无上的权力，以及众多的美女。但当这位国王什么都有了之后，就开始觉得生活百无聊赖。有一天，他的宰相达依尔带着其发明的国际象棋前来觐见，国王对国际象棋爱不释手，就对宰相达依尔说："感谢你带给我的乐趣，请让我奖赏你！"

宰相达依尔提出了一个非常奇特的要求："请您在棋盘的第1个格子里放上1粒麦子，第2个格子放上2粒，第3个格子放上4粒，每下一格都是前一格的倍数，以此类推，直到第64格，这就是我想要的奖赏。"国王一开始觉得这个奖赏太寒碜了，才几粒麦子而已；但还没放到一半，掌管粮仓的大臣就匆忙地来报告说仓库里的麦子已经没了。

你知道64个格子共需要放多少粒麦子吗？答案是1844亿亿粒，全世界的麦子堆积在一起都不够这个数。这个故事可能是历史上最广为流传的关于复利效应的故事了。现在我们所了解到的复利效应主要是来自巴菲特。

在巴菲特83岁的时候，他的财富已经积累到了585亿美元。但你可能不知道，在53岁时，他的身家仅为6.2亿美元；在33岁时，巴菲特的财产只有240万美元；而在他21岁时，青年巴菲特也和普通青年差不了多少，只有2万美元而已。

巴菲特99%的财富几乎都是53岁以后才获得的。而巴菲特在漫长的前50多年里，财富的积累速度并不比普通人快多少，甚至在他44岁那年，财富还缩水了45%，减少了1500万美元。因此，巴菲特总结自己的经验：人生就像滚雪球，重要的是发现很湿的雪和很长的坡。正是因为“很湿的雪”“很长的坡”，巴菲特才以每年大约20%的年化收益率，基本上每3.8年就让自己的资产持续翻倍。

复利效应到底是什么呢？它是指资产收益率以复利计算时，经过了若干期之后，资产的规模会随着期数呈指数级增长的一种现象。如果用公式来表达复利效应，这个公式可以写成$F=P(1+i)^n$。其中，F（Future value）是终值，P（Present value）是初值，i是利率（在棋盘上放麦粒的故事中，i=100%，即倍增），最后的n则是期数。

你可能会想，自己知道复利效应，但这和克服熵增做功有什么关系呢？我的答案是：如果帕累托定律是教我们怎么巧妙做功，那么复利效应教我们的是如何持续做功并做出一番伟业。

诺贝尔基金会你一定听过，它来自化学家阿尔弗雷德・贝恩哈德・诺贝尔的遗嘱，该遗嘱条文1895年11月27日签署于巴黎，基金会管理章程1900年6月29日由瑞典国王正式颁布。全球学者、政界精英皆以能够获得诺贝尔化学奖、诺贝尔物理学奖、诺贝尔生理学或医学奖、诺贝尔文学奖、诺贝尔和平奖、诺贝尔经济学奖之一为毕生的荣耀；而且获奖者的单项奖金也不低，大约为1000万瑞典克朗，约合人民币682万元。

然而，诺贝尔在他离世前只留下3100万克朗，虽然这在当时也是一笔不小的数目了，但为什么直到今天已经发放了100多年，颁发了600多个奖项，超过900席个人、集体荣获奖项，这笔钱还没花完，以后又还能颁发多少年呢？

事实上，诺贝尔在设置奖项时也考虑了这个问题，他找到的解决方案是：寻找专业人士打理，通过“复利效应”使之每年以一定的百分比增值。公开数据显示，诺贝尔基金截至2011年“还剩”28.6亿瑞典克朗，是设立之初的92倍。

你看，正是因为复利效应，才使这个历经百年的诺贝尔奖在悠悠岁月里激励了无数科学界、医学界、文学界、政界和经济学界的精英人士，为整个人类作出了无数杰出的贡献。

“很湿的雪”

你可能看过这两个等式：$(1+1\%)^{365}=37.78$；$(1-1\%)^{365}=0.026$。这两个等式是说，如果一个人每天进步1%，那么一年之后，他可能成长37.78倍；但倘若他每天退步1%，那么一年后，他就只剩下原来的0.026了。当然，$(1+2\%)^{365}=1377.4$，$(1+3\%)^{365}=48482.7$，这就更厉害了。

就像复利效应启动的前提是“利滚利”，你的进步（或退步）也必须同时纳入你要持续增长的部分里，才能形成“很湿的雪”。

但现实生活中的情况不一定总是这样，很可能你这次的投入增长和另一次的投入增长并没有什么关系。比如你是一个网约车司机，劳累了一天，赚了1000元，感觉收获还不错。但今天赚1000元并不能保证你明天就可以再多挣10元。

所以，诸如“网约车司机”“外卖骑手”“快递小哥”这类很难产生附加价值的工作属性就不是“很湿的雪”，而就算眼前存在供给不平衡的短期红利，即使短期能赚得再多，也无法产生复利效应。

我们把这类“一次投入，一次产出”的事情叫作“单利工作模式”，与之相对的则是“一次投入，多次产出”的“复利工作模式”，这类工作才是真正的“很湿的雪”，它的黏附性能让你的每一次投入都大概率地产生额外的价值。

比如写作。自从活字印刷术被发明后，文字的边际成本（多生产一份的额外成本）就变得很低；尤其是在移动互联网发达的今天，一篇公众号文章只要随手转发分享，写作生产出来的内容就可以跃入更多读者的眼帘。

而且现在多媒体发达，一篇内容不仅可以以文字的形式呈现，如果内容足够好，还很可能会被以音频为媒介的有声书讲书人看上，制成音频课程、播客甚至广播剧；被视频制片人选中，拍摄成连续剧或者电影；甚至被游戏制作人垂青，设计成游戏。

你看，无论是前些年大火的《甄嬛传》《芈月传》，还是近几年流行的《庆余年》《隐秘的角落》《斗罗大陆》《武动乾坤》，都是从文字演变成有声广播剧、连续剧、电影、动画片、手机游戏的典型案例。

而诸如这些热门IP背后的流潋紫（《甄嬛传》作者）、猫腻（《庆余年》作者）、紫金陈（《隐秘的角落》作者）、唐家三少（《斗罗大陆》作者）、天蚕土豆（《武动乾坤》作者），都因他们的“一次投入”，而多次产出了极为丰厚的回报。

除了“一次投入，多次产出”的事情，还有什么也符合“很湿的雪”这个属性呢?答案是:符合“越……越……”句式的模型。

我们讲到过亚马逊的“飞轮效应”。“飞轮效应”就是一个典型的复利模型,现在包括拼多多、淘宝、喜马拉雅等知名软件,都在仿效亚马逊,开始构建起自己的业务飞轮:付费会员数“越”多,对供应商的议价能力就“越”强;对供应商的议价能力“越”强,成本就“越”低;成本“越”低,付费会员数就“越”多。

“因”的飞轮在不断推动“果”,“果”的增长又成为下一条逻辑链路上的“因”。当这个飞轮转动起来后,在每年增长百分比的因果循环中,哪怕仅仅只有20%的连续提升,3.8年后也会翻番(1.2的3.8次方约等于2);更何况现在许多知名移动互联网行业的付费会员增长率很少有低于30%的,不少都接近50%,甚至还有超过100%的。

“很长的坡”

理解了“很湿的雪”,我们再来讲讲“很长的坡”。20世纪90年代流行过VCD和DVD,当时一台DVD播放机要卖到2000元以上,但2000年以后,DVD市场开始萎缩,而到今天几乎已经看不到有人在使用DVD了。DVD这个行业里的许多企业快速崛起，又迅速衰落、消散，就像一颗流星，可以说，这是“很短的坡”。

而有些行业的历史源远流长，绵延至今，比如牛奶。虽然我们不知道第一个知道牛奶能喝的人究竟是如何知晓的，但人类喝牛奶的历史可以追溯到6000年以前：在古巴比伦的神庙中，壁画中就有人类饮用牛奶的画面；同时期，古埃及人也已经把牛奶作为一种祭品献祭给神祇。而到了今天，婴幼儿开始饮用1段~4段的奶粉；中老年人也依旧喝牛奶补钙。咖啡加牛奶成就了拿铁的醇香；红茶加牛奶成了女孩子们最爱的奶茶；超低温加工牛奶，冰激凌也成了夏天畅销的产品。

可以说，牛奶这条“坡道”很长很长，除此之外，还有酒，“酒”这条坡道比“牛奶”还长。史料上最早的饮酒记载来自洛塞尔女性雕像，这座雕像有25000年的历史，丰乳肥臀的女性形象栩栩如生，手握角状容器，正伸到嘴边；而酿酒工艺最早则可以追溯到7000年以前，在地中海东部伊朗的一座山丘古城中，历史学家找到了史上第一个葡萄酒容器；中国最早的酿酒器具则出现在约5000年以前，1979年由考古学家在山东大汶口发现。历史长河的故事中也都有酒，刘备与曹操煮酒论英雄；宋太祖赵匡胤杯酒释兵权……

牛奶、酒都是饮料，是消费品，这类消费品还包括醋、酱油、茶、蜜饯、水果等。你可能会问，难道只有消费品才是“很长的坡”吗？汽车、影视、医疗、金融、游戏，这些难道就不属于“很长的坡”吗？

其实，一个产品载体所满足的需求越难被替代，这个产品载体所代表的坡道就越长。比如汽车是一种产品载体，而通过汽车从A地到达B地是产品载体所满足的需求。因为在汽车之前可能是马车，而在汽车之后，可能又是另一种产品载体。汽车的发展历程从福特开始大规模生产T型车到现在已100年左右，这条坡道面临着革新，因为新能源车和无人驾驶车已经开始崛起。

再比如坡道更短的游戏机行业。一开始玩的是任天堂FC红白机；20世纪90年代初世嘉MD开始流行；千禧年前后Sony的PlayStation、N64登上历史舞台；2000年后PC电脑游戏风靡一时；现在则是手机游戏；至于将来，可能会和电影《头号玩家》一样，人们通过体感类虚拟现实设备，接入游戏。

所以，有些坡道特别短，在这些坡上无论是企业还是个人，都很难形成复利效应，因为它们来得快，去得也快。那么，只要有“很长的坡”就可以了吗？当然不行。牛奶、酒以及任何亘古绵长的赛道都是很长的坡，但为什么还是有很多企业只吃了没几年“复利效应”就消失了呢？

第二节　做长期主义者

复利的四大途径

要想持续享用“复利效应”，巴菲特给出了答案：“你还要有护城河。”在巴菲特看来，护城河可以被分为四类。

第一类护城河是无形资产。它包括品牌、专利和版权。

先来说品牌。定位理论之父特劳特认为：“每个品类，用户能记住的品牌很少超过7个。”这意味着谁家的品牌能在用户心中占据一席之位，用户在有这类需求时第一个就会想起谁，谁就拥有品牌的护城河。比如一说起“空调”，你的脑海里可能第一、第二个浮现出的是“格力”“美的”；谈起汉堡，人们马上能想到的是“麦当劳”“汉堡王”。这就是品牌护城河。

专利则是专有的权利和利益。比如华为在5G标准专利方面全球领先，别人如果偷偷使用了华为申请的专利保护的5G技术，那么必将遭受巨额的赔偿损失。

版权是对文学著作、音乐作品、照片、游戏、计算机程序以及影视等复制权利的合法所有权。比如前面提到的《甄嬛传》

《庆余年》，这些内容作品由作者生产，作者如果不授权给他人，他人就无法在法律框架内进行改编，拍摄成电视剧。

第二类护城河是成本优势。

成本优势非常好理解，因为相同品质的产品，绝大多数用户必然会倾向于购买价格更实惠的；而且竞争者一旦看到自己的成本价高于他人的零售价，将会把视线投往其他领域。

什么能带来成本优势呢？答案是规模和管理。

一套机器1000元，是固定成本；生产500件产品，产品的可变成本是1元。那么商品成本=（固定成本+可变成本）/数量=（1000元+500件×1元）/500件=3元/件。如果生产5000件呢？商品成本=（1000元+5000件×1元）/5000件=1.2元/件。规模决定成本，规模越大，商品成本越小。

管理呢？商品在生产、运输、出售的过程中都存在生产效率、良品率、损耗率等各种“率”需要持续改进的诉求。而管理正是帮助这些“率”持续提升的关键要素。

第三类护城河是网络效应。

网络效应的意思是说，某个类型的产品对于用户的价值取决于该产品用户的数量，用户越多，产品价值也就越大。比如腾讯的微信问世后，阿里马上跟进开发了来往软件。尽管来往软件的功能同样能满足用户的社交需求，但由于那时很多人的亲朋好友都已经习惯使用微信了，所以只有极小的圈子使用来往小程序，联络起来依旧很麻烦，所以我们就认为来往小程序对于用户的价值远没有微信大。这就是网络效应之于微信的护城河。

网络效应分为单边网络效应和多边网络效应。单边网络效应由用户决定，用户多，用户接下来就会越多。比如共享单车，一开始，我们在大街上看到几辆漂亮的自行车，自行车上有一个二维码，我们都不知道它是怎么使用的，直到身边有一个人扫码付押金打开了车，骑下来体验还不错，解决了从地铁站到家、地铁站到公司这“最后一公里”的问题。于是，他就把这个好消息告诉了他的同事、同学、家人，于是越来越多的人成了共享单车的用户。但后来各种颜色的共享单车都出现了，激烈的竞争使得这个市场格外拥挤，补贴大战过后，ofo销声匿迹，摩拜卖给了美团。后来哈啰、美团、青桔三足鼎立，故事还在继续。

多边网络效应由多方决定。比如今日头条上的读者和作者。如果读者看来看去都是一些老内容，很可能不久就对这个平台失去了兴趣；而如果作者写的文章阅读量老是上不去，那么作者写作也就没了动力。读者和作者的数量是一个此涨彼涨、此消彼消的过程。这中间存在着一个临界点，一旦读者和作者的数量同时突破了这个临界点，两者都会自动增加，这条护城河也会变得越来越深、越来越宽。

第四类护城河是迁移成本。

迁移成本是一种防止用户逃离的成本。比如海底捞，为什么它的口味中等，价格也不便宜，但周末去海底捞还是要排队等号等很久呢？答案是习惯了海底捞优质服务的忠实用户已经很难适应其他火锅店品质一般的服务了。同样，用惯iOS系统的用户很难马上适应安卓系统，用惯Windows的用户一开始使用macOS也会有诸多不适应。是的，迁移成本让你很难再去适应别家，这种不适应、不习惯正是迁移成本带来的护城河。

任何企业，只要拥有了以上四类护城河中的一个或几个，那么它在这条“很长的坡”上就有机会滚得久、滚得远，品尝复利效应带来的红利。

无形资产复利

你一定看过《哈利·波特》，那首魔法旋律让人无法忘记。《哈利·波特》系列小说获得了空前的成功，不仅小说被翻译成73种语言，总销量也超过了5亿册，而且系列电影也是全球最卖座的系列电影之一，总票房达到78亿美元之巨。《哈利·波特》的作者J.K.罗琳，正是品尝了个人复利效应的受益者。

罗琳虽然从小喜欢写作和讲故事，但她创作第一本《哈利·波特与魔法石》的时候却异常艰辛，不单前后总用时跨越了5个年头，而且由于自家小屋又小又冷，罗琳只能选择去附近的一家咖啡馆里创作。在这个IP被孵化出来之前，多家出版商并不看好。罗琳的书直到遇到一家叫作Bloomsbury的小型出版商才被出版。

后来的事情你都知道了，这部史诗级魔法小说一经出版就好评如潮，罗琳彻底翻身了，该作品一举拿下了英国国家图书奖儿童小说奖，版税、荣誉纷至沓来。

2020年3月16日，J.K.罗琳以75亿美元的财富，位列2020胡润全球白手起家女富豪榜第87位。她的小说全都源自1989年在曼彻斯特前往伦敦火车旅途中的一个念头，这个念头生根发芽，绵延生长，最终成为带来巨额财富的个人无形资产。

你可能会说，这个星球上能有几个J.K.罗琳，想要学她太难了。

是的，在一个领域想要做到前千分之一的头部尚且很难，更不要说成为像J.K.罗琳这样的世界级魔法小说大师了。但如果我们换一个思路，在某个领域，成为前20%，甚至努努力成为前10%，是否可能性就会大大增加呢？

而且假如并不是在一个领域，而是在三个领域成为前20%～10%，那么$0.2^3\sim0.1^3$，不就是0.008～0.001？也就是说，如果你在具备相关性的三个领域只要加把劲儿，那么成为一个前千分之八至千分之一的头部专家，依然可以有较大的机会享受复利效应所带来的红利。

这是什么意思呢？举个例子可能更有助于你的理解。如果你关注过“二混子”这位作者，看过他的作品，你就很可能会被他的才华折服。他的《半小时漫画中国史》虽然远不能和《哈利·波特》系列相比，但也获得了令人刮目的成绩。这套系列漫画到目前为止出版了5册，仅在当当网上的销量，每册的评论数就有40万～90万不等。

二混子已经达到了世界级前千分之一的水平了吗？未必，但进入前10%是无疑的。但他的能力水平不仅在漫画这一个领域，而是三个领域：漫画领域、中国历史领域、有趣搞笑领域。

我们都是看二次元长大的一代，在我们这批人里热爱二次元、投身漫画产业的人不在少数，可以说，能把漫画画好的人多如牛毛；中国历史也不是一个小众学科，通读中国史、对历史如数家珍的学者、爱好者多如牛毛；有趣搞笑虽然在日常生活中相对稀缺，但无论是从事相声、滑稽戏还是专门以幽默、段子为生的从业者也并不在少数。但能在这三个领域中获得交集的，二混子不可谓不是头部。

所以，只要在能相容的多个领域发力，个人想要获得无形资产的护城河也并不太困难。

财富增长复利

曾经有一篇公众号文章刷遍朋友圈，这篇文章的名字是《你的死工资正在拖垮你》。在我看来，这篇文章的标题虽然有哗众取宠之嫌，但与此同时，也反映出人们对于依靠单一工资收入的焦虑。

那么，从个人的角度来讲，到底要怎么做才能不再依靠纯薪酬所得，实现财富的复利增长呢？以前有一本畅销书叫作《富爸爸穷爸爸》，里面有一个关于财富自由的不等式，曾经让一大批人如梦初醒，这个不等式是：被动收入>主动收入，一个人就实现了财富自由。

其中被动收入是指非工资收入，包括理财收入、房产出租收入、证券基金收入、稿酬收入等。稿酬收入属于无形资产带来的收入，我们刚才已经讨论过了，现在重点来探讨前面几种收入。

银行理财目前的年化利率通常在4%左右，这类收入相对来说比较稳健，但年化收益率并不算太高，如果我们按照每个月消费1万元来计算，那么一个人要实现财富自由需要准备250万元现金。如果还要把通货膨胀、疾病以及各种意料之外的因素加上，那每个月2万元的被动收入可能更有安全感，但这也意味着需要有500万元的财富才能仅以4%的年化利率来获得。

而房产出租收入目前在国内是很有限的，就算是一套总价300万元的房产，每个月的租金也不会超过5000元，这就意味着如果把房租作为年化收益率来反算，出租所获得的收入年化利率仅为2%，比银行理财产品还不如。那么证券基金呢？

天哪，证券基金无论是股票还是基金，在国内可都有“7亏2平1赚”的说法。也就是说，在股票基金投资市场，70%的人亏钱，20%的人不赚不亏，而只有10%的人才真正赚到了钱。

但是，我们从历史数据来看，被投资界反复引用的经典著作《股市长线法宝》里的数据表明，1802—2012年的210年里，如果你的祖先投资了1美元，那么到今天这1美元将会变成1300万美元，年化收益率达到了8.1%；而就算在只有30多年证券历史的中国，1994—2019年初的25年里，代表整个市场的万得全A指数的年化收益率也超过了9%。你可能会问，那到底是什么造成了“7亏2平1赚”的事实呢？

原因有两个：一是普通股民、基金投资者普遍都会受到“损失厌恶”的影响，从而表现出追涨杀跌的行为，这让他们总是“高买低卖”，或者“深套”很久，好不容易“解套”就急于出售，因此每次都享受不到“复利效应”带来的回报；二是更多人缺乏选择好企业、好基金的知识储备，因此就算长期持有，也依然无法获得令人满意的回报。

那怎样才能找到这两个问题的解决方案呢？答案是开始尝试着用“很湿的雪”“很长的坡”“四类护城河”去分析这些行业和上市公司，哪些行业“雪足够湿”“坡道足够长”，哪类上市企业的护城河又宽又深，就可以长期地把多笔资金投到这3～5个公司或者重仓持有这些公司的基金。

如果去看国内牛奶业、酒类甚至酱油业、醋业等龙头企业，你就会发现如果在10年前去拥有它们的股票，持有的人也早已悄悄在享受着财富增长的复利。

个人成长复利

任何指数型增长都逃不过一个规律：刚开始增长得并不快，甚至是“很慢”，而一旦增长曲线到达某个拐点，后面的增长就会越来越快，进入激增阶段。

个人成长复利也是一样的。一开始因为你的底子薄，所以就算以10%的增长速率来看，第2个时间周期也只不过把1变成了1.1。但随着你在“一个方向”上持续做功，1.1在第3个周期会变成1.21，在第4个周期会变成1.33……在第20个周期会变成

6.1，在第30个周期会变成15.86。

你可能会说，在数学上的确是这个道理，但这条曲线对现实到底有什么指导意义呢？在我看来，当你能看到自己的个人成长曲线后，至少在三个方面可以改变你现在的决策。

第一，它可以帮助你改变对于金钱的决策。如果你认清了自己的未来一旦踏过拐点，就会获得急速成长，那么现在的你在考虑升级自己学识、提升自身认知的事情上就不会在金钱上斤斤计较，因为现在读研、上MBA看起来花了你很大一笔钱，但这笔钱站在30个周期之后来看其实只是很小的一笔钱。

第二，它能帮助你改善低落的情绪。在日常生活和工作中，我们总是会遇到不顺心的事情，而情绪低落会降低一个人成长的速度。这个时候，倘若你能站在终点回过头来看今天遇到的这件小事——比如被领导批评或者某个项目没有拿下，那你是否会快速收拾起郁闷心情重新投入新的事务中，去种下下一次成功的“因”呢？

第三，在你拖延症发作的时候，它能成为你的动力因素。复利效应要起作用有一个前提，那就是克服熵增做功必须是持续延绵、不可间断的。虽然现在的你并没有达到“金点”、跨越拐点，你感觉“昨天和今天并没有什么不一样”，眼前的进步看起来也更像一条平行于x轴的横线，但正因为你已经理解了第30个周期甚至“更长期”的价值，这就能帮助你拥有更强的心理正能量，在每天缓慢的进步中不急迫焦虑，用日拱一卒的速度去迎接未来必然会到来的功不唐捐。

没错，复利效应，别停下，慢慢来，才会比较快！

参考文献

[1] 卡尼曼. 思考，快与慢[M]. 北京：中信出版社，2012.

[2] 西奥迪尼. 影响力[M]. 北京：北京联合出版公司，2016.

[3] 莫斯科维茨，沃特海姆. 比赛中的行为经济学[M]. 杭州：浙江教育出版社，2018.

[4] 麦格尼格尔. 自控力：斯坦福大学最受欢迎心理学课程[M]. 北京：文化发展出版社，2012.

[5] 赛勒，桑斯坦. 助推：如何做出有关健康、财富与幸福的最佳决策[M]. 北京：中信出版集团，2018.

[6] 德韦克. 终身成长[M]. 南昌：江西人民出版社，2017.

[7] 塔勒布. 非对称风险[M]. 北京：中信出版集团，2019.

[8] 契克森米哈赖. 心流：最优体验心理学[M]. 北京：

中信出版集团，2017.

[9] 卢森堡. 非暴力沟通 [M]. 北京：华夏出版社，2016.

[10] 小雷格尔. 生活黑客 [M]. 北京：台海出版社，2020.

[11] 德西，弗拉斯特. 内在动机：自主掌控人生的力量 [M]. 北京：机械工业出版社，2020.

[12] 施瓦茨，M. 曾，P. 布莱尔. 科学学习：斯坦福黄金学习法则 [M]. 北京：机械工业出版社，2018.

[13] 盖斯. 微习惯 [M]. 南昌：江西人民出版社，2016.

[14] 福赛思. 醉酒简史 [M]. 北京：中信出版集团，2019.

[15] 欧文. 成长型思维 [M]. 北京：人民邮电出版社，2018.

[16] 采铜. 精进：如何成为一个很厉害的人 [M]. 南京：江苏凤凰文艺出版社，2019.

[17] 郎朗. 千里之行：我的故事 [M]. 桂林：广西师范大学出版社，2008.

[18] 喻颖正. 人生算法 [M]. 北京：中信出版集团，2020.

[19] 古典. 跃迁 [M]. 北京：中信出版集团，2017.

[20] 何圣君. 行为上瘾 [M]. 北京：中国华侨出版社，2019.